**도쿠가와 이에야스는
어떻게 난세의 승자가 되었는가**

IEYASU WA NAZE RANSEI NO HASHA TO NARETANOKA
© 2022 Abe Ryutarou
Korean translation rights arranged with NHK Publishing, Inc.
through Japan UNI Agency, Inc., Tokyo and D&P Co., Ltd., Gyeonggi-do

내항해시대의
일본 전국시대

지은이 아베 류타로
옮긴이 고선윤

도쿠가와 이에야스는
어떻게 난세의 승자가 되었는가

페이퍼로드
paperroad

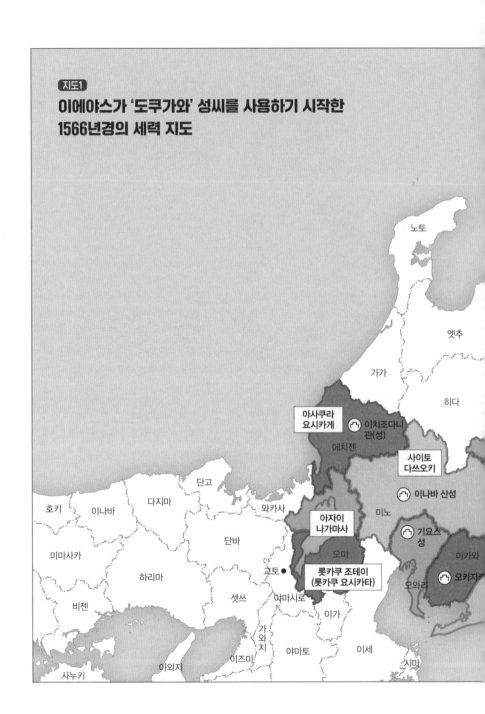

지도1

이에야스가 '도쿠가와' 성씨를 사용하기 시작한 1566년경의 세력 지도

노토

엣추

가가

히다

아사쿠라 요시카게 🏯 이치조다니 관(성)

에치젠

사이토 다쓰오키

🏯 이나바 산성

단고

다지마

와카사

미노

호키 이나바

단바

아자이 나가마사

🏯 기요스성

오미

미카와

미마사카

하리마

🏯 오카자키

교토 ●

롯카쿠 조테이 (롯카쿠 요시카타)

오와리

셋쓰

야마시로

비젠

이가

가와치

야마토 이세

이즈미

시마

사누키

아와지

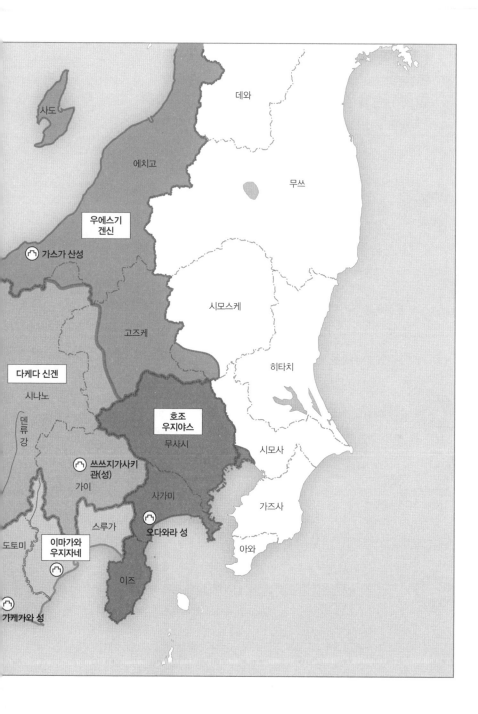

사도

에치고

데와

무쓰

**우에스기
겐신**

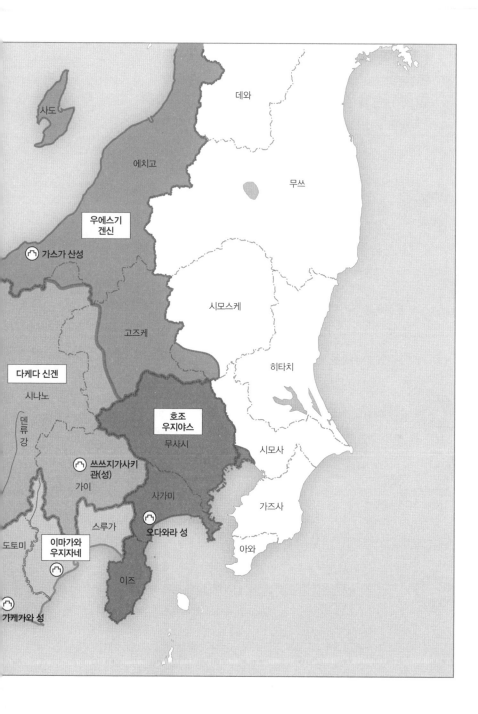 가스가 산성

고즈케

시모스케

다케다 신겐

시나노

히타치

덴류
강

**호조
우지야스**

무사시

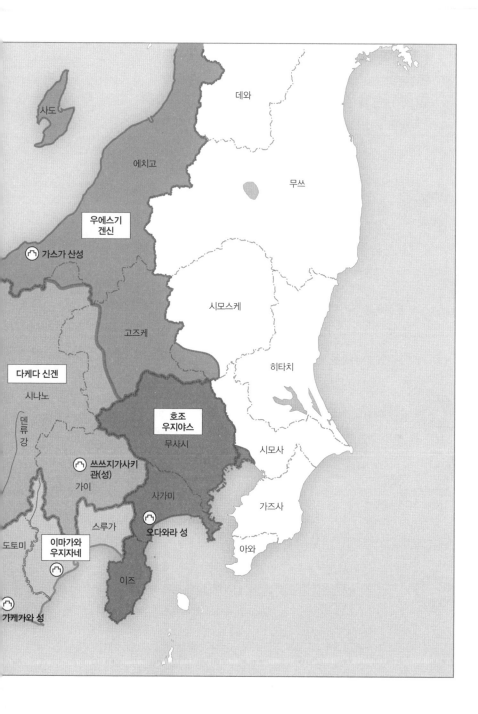 **쓰쓰지가사키
관(성)**

가이

사가미

시모사

도토미

**이마가와
우지자네**

스루가

오다와라 성

가즈사

아와

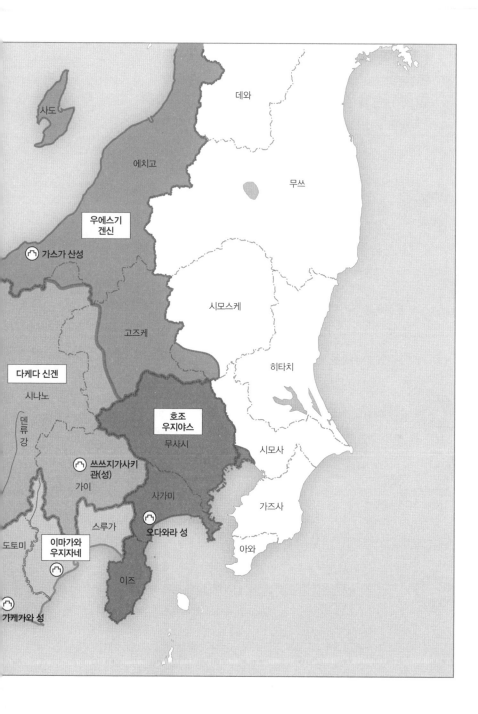 **가케가와 성**

이즈

차례

세계사 속 전국시대와
도쿠가와 이에야스

전쟁은 왜 끝나지 않을까 | 도쿠가와 이에야스를 향한 관심과 기대 | 전국시대의 이미지가 바뀌었다 | 도쿠가와 이에야스의 생애를 따라가는 두 가지 목적 | 오다 노부나가와 도요토미 히데요시가 꿈꾼 미래 | 세키가하라 전투의 또 다른 의미 | 도쿠가와 이에야스의 농본주의 | 현세를 위한 통치자, 도쿠가와 이에야스 | 도쿠가와 이에야스가 남긴 유훈의 의미 | '염리예토 흔구정토'를 언제부터 내걸었을까

대항해시대와 전국시대

대항해시대가 시작되다 | 스페인과 포르투갈, 세계를 분할하다 | 철포 전래에 숨은 서양의 노림수 | 크리스트교 포교와 예수회 | 포르투갈의 세계 전략 | 크리스천이 된 다이묘의 사정 | 오다 노부나가가 앞선 배경 | 센고쿠 다이묘는 유통 경제로 탄생했다 | 일본에 전란을 불러일으킨 세 가지 요인 | 율령제와 천황제 | 전국시대의 실버러시Silver rush | 수수께끼의 도시, '사카이' | 사카이의 번영과 광물 자원 | 다도의 정치학

인질 시절의 도쿠가와 이에야스

이에야스의 조상과 '18 마쓰다이라' | 기요야스·히로타다·이에야스 | 오다 가문은 이에야스를 납치하지 않았다 | 이마가와 가문에서의 인질 생활 | 이에야스가 이마가와 가문에서 배운 것 | 인질 시절의 인맥, 미래의 자산이 되다 | 쓰키야마도노, 이에야스와 결혼하다 | 인질 시절에 다듬어진 인격 | 도쿠가와 이에야스와 가신단의 결합

을까 | 다케다 가문의 멸문 | 오다 노부나가의 동국 통일 | 현재까지 전해지는 다케다 가쓰요리 이야기

제**1**장

세계사 속 전국시대와
도쿠가와 이에야스

전쟁은 왜 끝나지 않을까

21세기에 들어서고, 벌써 20여 년이 지났습니다. 1991년 냉전 종식으로 이데올로기의 시대는 끝났다고 생각했습니다. 그리고 평화를 기대했습니다만 안타깝게도 민족, 종교 등의 이유로 국제분쟁이 끊이지 않고 있습니다. 2022년에는 러시아의 우크라이나 침공이 세계적인 화젯거리이기도 했습니다.

'영원한 평화'가 환상이라 하여도, 평화를 원하지 않는 사람은 없습니다. 어느 시대나 마찬가지입니다. 평화는 전란이 끊이지 않는 '현실'과 등을 맞대고 있습니다. 전란의 세상이라 평화를 희망합니다. 어쩌면 이것이 인간의 본성일 수도 있습니다.

한편에서는 러시아의 푸틴 대통령처럼 직접 전란을 일으켜 개인혹은 국가의 이익을 충족하려는 사람도 있다는 사실이 놀랍습니다만 전란이 일상이었던 난세에서는 아마도 흔했을 겁니다.

도쿠가와 이에야스를 향한 관심과 기대

15세기 중반에서 16세기 후반에 걸친 일본 최대의 난세였던 전국시대에도 상황은 다르지 않았습니다. 전국시대의 무사들은 전쟁 속에서 살았고, 전쟁 속에서 성장했고, 전쟁 속에서 자아실현을 꿈꾸었습니다. 이들의 야망이 서로 충돌하여 전란이 멈추지 않았습니다.

일본 최대의 난세였던 전국시대에 평화를 진정으로 희망하는 무사가 있었습니다. 그가 바로 도쿠가와 이에야스입니다. 그는 다른 이가 난세를 평정해주기를 기다리는 사람이 아니었습니다. 그는 전쟁을 멈추기 위해서 무엇이 필요한지를 누구보다도 진지하게 생각했고, 전쟁에서 이겨 난세의 패자霸者가 되는 길을 선택했습니다. 그리고 '도쿠가와의 평화(팍스 도쿠가와)'를 완성했습니다.

2023년, NHK가 약 40년 만에 도쿠가와 이에야스를 주인공으로 내세운 대하드라마를 방영했습니다. 이에야스의 근거지라고 할 수 있는 시즈오카현과 아이치현 등이 다시 주목받고, 이에야스를 향한 관심이 높아지고 있습니다.

이 책에서는 이에야스가 어떻게 난세의 최종 승자, 이른바 '패자'가 되었는지를 이야기하려 합니다.

전국시대의 이미지가 바뀌었다

역사 연구는 나날이 발전합니다. 전국시대의 이미지는 제가 어린 시절 학교에서 배운 때와 많이 달라졌습니다. 이에야스에 관한 새로운 사실을 여럿 발견했고, 새로운 사료를 활용해 다양한 가설이 떠오르고 있습니다.

전국시대 연구가 뚜렷하게 변화하고 있습니다. 그중 그 시기를 '세계사'의 눈으로 조망하는 연구 흐름이 가장 두드러지게 부상하고 있습니다. 전국시대는, 세계사적으로 대항해시대*의 역사와 맞물립니다. 당시 일본도 결코 무관하지 않았습니다. 특히 서양에서 철포(화승총)**가 유입된 것이 참으로 큰 의미가 있습니다.

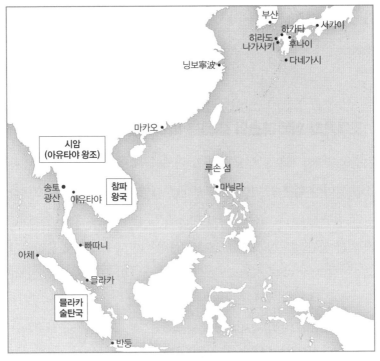

16~17세기 동아시아 세계와 납 교역 거점

---

* 15세기부터 17세기 전반에 걸쳐 스페인, 포르투갈을 비롯한 유럽 국가들이 항해기술을 발달시킨 후 다른 대륙을 발견하고 해외 진출을 시도한 시대이다

** 총의 초기 형태로, 화승을 이용해서 점화하는 총기이다.

이전에도 철포 전래를 중요하게 간주했습니다. 다만 "철포에 필요한 화약의 원료인 초석은 어떻게 구했을까? 철포 탄알의 원료인 납은 어디에서 가지고 왔을까?" 따위의 질문에는 그다지 관심을 두지 않았습니다. 최근 연구에 따르면, 오다 노부나가 시대까지 초석은 거의 100%를, 납은 약 75%를 해외에서 수입했습니다. 게다가 일본으로 유입된 납의 산출지가 태국의 송토 광산이었다는 사실까지 밝혔습니다. 이는 제6장에서 다루겠습니다. 여기서는 '대항해시대 속 전국시대'라는 관점이 없으면 전국시대의 본질을 파악할 수 없다는 점을 강조하고 싶습니다.

도쿠가와 이에야스의 생애를 따라가는 두 가지 목적

전국시대의 새로운 면모를 알기 위해서, 왜 하필 도쿠가와 이에야스를 알아야 할까요? 일단 전국시대의 메인이라 할 수 있는, 오케하자마 전투桶狹間の戰い에서 오사카 여름전투大阪夏の陣에 이르는 약 55년의 기간 동안 벌어진 모든 사건에 이에야스가 (준)주연으로 등장하기 때문입니다. 따라서 이에야스의 일생을 새로운 시각으로 관찰해야 전국시대의 색다른 면모를 확인할 수 있습니다.

또 다른 이유는, 이에야스가 전쟁터에서 든 깃발에 새긴 '염리예토 흔구정토厭離穢土 欣求淨土'라는 글귀에 있습니다. 그런 깃발을 '하타지루시旗印'*라고 하는데, 군을 상징하는 군기에 이에야스는 왜 이런 글을

---

* 전쟁터에서 군대를 상징하는 군기에 그린 무늬나 글자를 말한다.

적었을까요? 이 글귀가 정토신앙*의 용어라는 사실은 익히 알고 있습니다. 현세를 '더러운 국토'로 간주하고, 속세를 떠나 깨끗한 아미타여래의 극락세계로 가기를 갈망한다는 뜻이지요.

이에야스는 진심으로 더러운 현세를 깨끗한 극락세계로 바꾸고 싶었기에 이 글귀를 군기에 새겼습니다. 지금의 정치가들이 내세우는 정치 슬로건과 같다고 할 수 있습니다. '예토'처럼 더러운 일본을, '정토'처럼 깨끗한 나라로 바꾸어야 한다고 이에야스는 생각했습니다. 이런 점을 발견하니, 이제까지 알고 있던 이에야스와는 전혀 다른 인간상이 보이기 시작했습니다.

오다 노부나가와 도요토미 히데요시가 꿈꾼 미래

도쿠가와 이에야스는 어떤 시대를 살았을까요? 저는 《효웅 오다 노부나가》(자음과 모음, 2002)를 비롯해 많은 역사소설을 집필했는데, 항상 최신 학설을 공부하고 현지를 찾아 취재하면서 작품세계를 구축했습니다. 이러다 보니 하나의 '시각'이 형성됐습니다. 바로 일본에서는 '중상주의·중앙집권적 지향'과 '농본주의·지방분권적 지향'이 끊임없이 줄다리기하며 역사를 견인했다는 것입니다.

중상주의란 대외무역으로 경제를 키우고 수출산업을 보호한다는 사상을 의미합니다. 중앙집권은 국가운영에 관련된 권한과 재원을

중앙정부로 일원화하는 정책을 가리킵니다. 이를 역사에 대입하면, 전국시대를 오다 노부나가와 도요토미 히데요시가 '중상주의정책과 중앙집권정책'을 강력하게 추진하자 이에 대한 반발도 극심했던 시대라 분석할 수 있습니다.

전국시대 이전 무로마치 막부1336~1573는 '슈고(수호) 영국제守護領國制'로 일본을 지배했습니다. 슈고 영국제는 막부가 임명한 슈고 다이묘(大名, 영주)가 해당 지역의 토지와 백성을 지배하는 방식으로 전국을 통치하는 체제입니다. 이는 '농본주의정책'이고 '지방분권정책'입니다. 농본주의는 농업을 국가운영의 기초로 두는 사상을 의미합니다. 국내 생산과 유통으로 경제구조를 귀결시키겠다는 발상입니다. 지방분권은 국가 통치권을 지방으로 이관하는 정책을 가리킵니다.

대항해시대는 제2장에서 기술하겠습니다만 16세기 일본은 대항해시대의 여파로 인해 큰 위기를 맞이했습니다. 이런 위기 속에서 일본은 나라의 제도를 바꿀 필요가 있었습니다. 그래서 노부나가는 중상주의·중앙집권체제에 따른 국가운영을 지향했고, 이를 계승한 인물이 히데요시입니다. 그는 중상주의·중앙집권체제를 강력하게 추진하며 임진왜란을 결정했습니다. 1598년 히데요시가 죽어 임진왜란이 중지되었으나 당시 일본의 상황은 마치 1945년 8월 15일 패전 때와 마찬가지로 파탄이 났었다고 생각합니다. 그만큼 일본이 황폐해졌습니다. 특히 서일본에서는 징용과 소작료 부담을 견디지 못한 농민들이 고향을 버리고 도망친 탓에 많은 마을이 텅텅 비게 되었고, 뿔뿔이 흩어진 농민들은 유민이 되어 도시로 흘러 들어갔습니다. 농촌은 피폐해졌고 도시의 치안도 나빠졌습니다.

세키가하라 전투의 또 다른 의미

"황폐해진 나라를 어떻게 다시 세울 것인가?"

도쿠가와 이에야스와 이시다 미쓰나리에게 주어진 숙제였습니다. 도요토미 히데요시 정권의 가신家臣이었던 미쓰나리는 임진왜란 패전 후 히데요시가 추구한 중상주의·중앙집권체제는 유지하려고 했습니다.

이에야스는 오다와라 호조 가문이 멸망한 후 근거지를 간토(관동 지방)로 옮기라는 히데요시의 지시에 따라 '간토 팔개국* 재건'에 성공했습니다. 당시 히데요시는 호조 가문을 공격하는 데 선봉에 선 이에야스에게 공적을 치하하는 척하며 기존의 영토를 회수하고, 동쪽의 험한 땅을 새로 하사했습니다. 이때 이에야스는 그 지역에서 농본주의·지방분권정책을 추진합니다. 이 정책을 전국에 펼쳐 일본을 재건하려고 했습니다.

따라서 세키가하라 전투関が原の戦い에서 미쓰나리와 이에야스는 '종래의 정책을 유지할 것인지 아니면 나라의 제도를 무로마치 막부 시대처럼 되돌릴 것'인지로 대립했습니다. 세키가하라 전투에서 승리한 이에야스는, 훗날 '막번 체제'라는 국가 체제를 만듭니다. 이는 제10장에서 다시 짚어보겠습니다.

---

* 간핫슈(關八州)라고 하는데, 무사시(武藏/도쿄도, 사이타마현, 가나카와현 동부), 사가미(相模/가나가와현), 고즈케(上野/군마현), 시모쓰케(下野/도치기현), 가즈사(上総/지비현 중부), 시모후사(下総/지바현 북부·이바라기현 남부), 아와(安房/지바현 남부), 히타치(常陸/이바라기현 북동부)를 포함한다.

도쿠가와 이에야스의 농본주의

도쿠가와 이에야스는 농본주의와 지방분권을 철저하게 실현하고, 더 나아가 신분제도를 확립했습니다. 그런데 굳이 표현한다면, '사농공상'이라는 신분제도는 어디까지나 관념이었습니다. 현재 일본 역사학의 주류는 "실질적으로는 지배층인 '무사', 농촌에 사는 '백성(농민)', 도시에 사는 '상인'이라는 식으로 직업과 거주지에 따라 분화됐다."라고 간주합니다.

왜 신분을 고정하고 백성의 일상을 제약했을까요? 상업이나 유통산업이 발휘하는 강대한 에너지를 누르지 않으면 중상주의 시대로 역행한다고 생각했기 때문입니다. 상업과 유통은 빈부 격차를 확대합니다. 현대 정보·유통혁명을 예시로 들 수 있습니다. IT 산업이나 AI 개발 사업은 막대한 이익을 창출하지만 소수의 사람이 그 이익을 차지합니다. 농업은 식량 자급이나 국토 보전의 관점에서는 중요하나 상업만큼 막대한 부를 창출할 수는 없습니다. 이에야스의 시대에도 농업을 생산활동의 기본으로 삼았으니, 빈부 격차는 그다지 크지 않았을 것입니다. 이에야스가 농본주의를 선택한 이유는 빈부 격차를 해소하고 누구나 먹고살 수 있는 세상을 만들기 위해서입니다. 국토의 균등한 발전을 위해 지방분권체제를 확립했을 것입니다.

이를 이해하기 위해 에도 시대1603~1868 당시 각 번의 정치 시스템을 살피겠습니다. 쌀 수확량이 적은 고쿠다카石高* 1만 석의 작은 번藩이

---

* 토지의 쌀 생산을 나타내는 단위로 각종 세금을 부담시키기 위한 기준. 도요토미 히데요시의 태합검지(太閤検地, 토지조사) 이래, 에도 시대 내내 이용되었다.

라고 해도, 고쿠다카 100만 석의 큰 번과 그 구조가 다르지 않았습니다. 번주(藩主, 다이묘) 밑에는 가신의 우두머리인 가로家老가 있고, 그 밑에는 번사(藩士, 번에 소속된 무사)가 있었습니다. 그리고 번의 학교가 있고, 번의 병원이 있었습니다. 모든 번이 기본적으로는 같은 시스템을 갖추었습니다. 에도 막부 시대에 약 300개의 번이 균등하게 발전하도록 계획했기 때문입니다.

현세를 위한 통치자, 도쿠가와 이에야스

도쿠가와 이에야스가 살던 전국시대에는 굶주리는 사람이 많았습니다.

"이 사람들을 어떻게 먹여 살릴 수 있을까? 그 책임은 누구에게 있을까?"

이런 고민을 한 결과, 이에야스는 '농본주의와 지방분권'이 최적의 답이라는 결론을 내렸습니다. '염리예토 흔구정토'에 담겨있는 정토교 사상은, 본래 타력신앙입니다. 자신의 힘이 아니라 부처님의 힘으로 구원을 받는다는 신앙입니다. 어려운 불경을 외고 고된 수행을 하지 않아도, 아미타불의 이름을 염불하여 극락왕생할 수 있다는 점이 정토교 사상의 특징입니다. 이를 '이행易行'이라고 합니다. 행하기 쉽고, 깨달음에 빨리 도달할 수 있다는 뜻입니다. 그러나 이에야스는 극락왕생의 결과로 갈 수 있는 정토를 현세로 만들고 싶었습니다. 이

세상을 누구나 편안히 살 수 있는 정토로 만들겠다고 다짐했습니다. 그래서 난세를 평정하고 정토를 실현코자 했습니다.

일향종의 무장봉기 반란군 '잇코잇키_向_揆*'는 깃발에 '진자왕생 극락, 퇴자무간지옥進者往生極樂, 退者無間地獄', 이른바 '전진하면 극락, 퇴진하면 지옥'이라는 슬로건을 새겼습니다. 이와 달리 이에야스는 정치적으로 훨씬 현실적이었습니다. '죽으면 극락에 갈 수 있으니 현세의 괴로움을 잊자'는 잇코잇키의 슬로건은 굶주리는 사람들의 정신을 위안할 수는 있으나 목숨을 구할 수 없기 때문입니다. 이렇게 생각하니, 이에야스가 평생 몰두했던 모든 일의 의미가 명확하게 읽힙니다.

도쿠가와 이에야스가 남긴 유훈의 의미

이에야스는 농본주의와 지방분권으로 빈부 격차를 해소하고 국토를 균등하게 발전할 것을 정치 방침으로 삼았습니다. 이것이야말로 '정토'를 현실로 만드는 방법이라고 생각했을 것입니다. 결코 간단한 일은 아니었습니다. 이에야스에게는 평생의 목표였을 것입니다. 얼마나 먼 길인지 그는 잘 알고 있었습니다.

이에야스가 자신의 정치사상과 이상을 남긴 〈동조궁어유훈東照宮御遺訓〉에 "사람의 일생은 무거운 짐을 지고 먼 길을 가는 것과 같다. 서두르지 마라."라고 유언을 남긴 것도 이해가 됩니다. 참으로 먼 길이었

---

* 정토진종(일향종)의 신자가 일으킨 무장봉기로, 무로마치 시대 중기(15세기)부터 전국시대에 걸쳐 발생했다.

을 것입니다. 서두른다고 어찌 되는 것도 아닙니다.

이에야스의 삶은 인내하는 삶이었다고 합니다. 이에야스는 정토가 그리 간단하게 만들어진다고 생각하지 않았습니다. 오랜 세월 비전을 품고, 인생의 목표를 멀리 두었습니다. 이에야스가 각종 고난을 견딜 수 있었던 이유는 바로 여기에 있었다고 봅니다.

'염리예토 흔구정토'를 언제부터 내걸었을까

언제부터 '염리예토 흔구정토'라는 글귀를 담은 깃발을 내걸었을까요? 저는 미카타가하라 전투三方ヶ原の戦い 직전이었다고 생각하는데, 연구자 중에는 좀 더 나중이라고 주장하는 분도 있습니다. 당시 사료에 '염리예토 흔구정토' 군기를 기술한 흔적이 없기 때문입니다. 실제로 이 군기를 든 시점은 사료에서 언급한 시점보다 거슬러 올라간다고 간주해야 합니다.

미카타가하라 전투 때 이에야스는 강대한 다케다 신겐 세력에 밀려 궁지에 몰립니다. 인생 최대의 위기였습니다. 사람은 궁지에 몰리면 자신의 사상이나 이상을 솔직하게 표현할 수 있게 됩니다. 이에야스의 위기는 가신들의 위기이기도 했습니다. 이에야스는 군기를 내걸어 스스로를 격려하고, 가신들의 용기를 북돋웠을 것입니다.

제2장에서는 전국시대와 일본 밖 세계사를 설명하겠습니다. 이후 제3장부터는 이에야스가 최후의 승자가 되는 길을 순서대로 따라가며 그가 어떻게 난세의 패자가 될 수 있었는지를 알아보겠습니다.

제**2**장

대항해시대와 전국시대

대항해시대가 시작되다

제1장에서 언급한 대항해시대를 다시 생각해보겠습니다. 도쿠가와 이에야스가 태어난 시기는 1542년 12월 26일이라고 합니다. 그런데 이는 음력 기준이고, 크리스트교 문명의 그레고리력*으로는 1543년 2월 10일입니다. 다네가시마에 철포가 들어온 해입니다. 일본이 서구 문명과 조우한 상징적인 해이기도 합니다.

이 시기의 유럽은 대항해시대의 전성기였습니다. 대항해시대가 어떻게 시작됐는지를 개괄적으로 설명하겠습니다. 고대 로마제국이 쇠퇴하면서 8세기 이후 무슬림(이슬람교도) 세력이 유럽 대륙 남서쪽에 있는 이베리아 반도를 지배했습니다. 이에 크리스트교 국가는 이베리아 반도를 되찾기 위한 운동을 800년 가까이 이어갑니다. 이 운동을 레콩키스타(Reconquista, 국토회복운동)라고 합니다. 레콩키스타는

---

* 태양력의 하나로 오늘날 세계에서 표준으로 사용하는 양력의 기반이 되다. 1582년 로마 교황 그레고리우스 13세가 제정했다.

15세기 말까지 이어졌고, 급기야 무슬림 세력은 이베리아 반도에서 쫓겨납니다. 이후 가톨릭 국가인 스페인 왕국과 포르투갈 왕국이 이베리아 반도를 지배하게 됩니다.

대항해시대란, 15세기부터 유럽의 여러 나라가 대서양과 인도양으로 진출하여 신세계를 발견하는 시대를 말합니다. 그런데 '발견'이란 단어는 어디까지나 유럽 사람들의 언어입니다. 남미나 아시아 현지에는 이미 많은 인종, 문명, 국가가 존재했습니다. 유럽 사람들은 크리스트교 문명을 정통 세계로 간주하고 그 가치관을 절대시하여, 다른 문명과의 만남을 "미개의 땅을 발견했다."라는 식으로 표현했습니다.

대항해시대를 주도한 나라는 가톨릭 국가인 스페인과 포르투갈이었습니다. 1492년에는 스페인 국왕의 지원을 받은 이탈리아 제네바 출신 탐험가 크리스토퍼 콜럼버스Christopher Columbus가 대서양 서쪽으로 진출해 아메리카 대륙에 도달합니다. 1522년에는 스페인의 지원을 받은 포르투갈 출신 탐험가 페르디난드 마젤란Ferdinand Magellan이 스페인 함대를 이끌고 세계 일주에 성공합니다. 한편 1498년에는 포르투갈 함대의 사령관 바스쿠 다가마Vasco da Gama가 아프리카 대륙의 남단을 돌아 인도양에 도달함으로써 새로운 항로를 개척했습니다. 스페인과 포르투갈은 이런 탐험·항해의 성과에 힘입어 대규모 해외무역을 시작했습니다. 그들은 후추를 포함한 향신료, 직물, 보석 등 아시아의 물건들을 유럽으로 가지고 와서 큰 이익을 얻었습니다.

동시에 스페인과 포르투갈이 가톨릭 포교 활동에도 힘을 쏟았다는 점이 중요합니다. 그들의 도움으로 예수회 등의 선교사가 아프리카,

아메리카, 아시아를 찾아가 포교했습니다.

대항해시대의 스페인·포르투갈과 전국시대 일본과의 관계는 최근 활발하게 연구되는 주제입니다. 도호쿠 대학의 히라카와 아라타 명예교수, 도쿄 대학 사료편찬소의 오카 미호코 교수 등이 예수회의 움직임에 관심을 두어 중요한 연구 성과를 발표했습니다. 저도 이런 연구를 통해서 많은 것을 배웠고, 그 내용을 이 책에 반영했습니다.

스페인과 포르투갈, 세계를 분할하다

스페인과 포르투갈 두 나라의 해양 진출이 본격화되자, 패권을 둘러싼 양국의 알력이 발생했습니다. 1520년경부터 양국은 향신료 산지인 말루쿠 제도(현재는 인도네시아에 속함)의 영유권을 둘러싸고 대립합니다. 결국 1529년 사라고사 조약을 체결하고 말루쿠 제도 동쪽에 양국의 경계선을 정합니다. 포르투갈은 경계에서 서쪽을, 스페인은

지도3 토르데시야스 조약과 사라고자 조약으로 분할한 세계 지도

동쪽을 차지하기로 했습니다.

두 나라는 1494년에 이미 토르데시야스 조약으로 대서양에 자오선*을 긋고, '서쪽은 스페인에 동쪽은 포르투갈'에 귀속한다는 방식으로 세계 분할에 합의했습니다. 1494년 당시 서양에서는 아직 지구 반대편 지리를 잘 몰랐습니다. 그런데 스페인과 포르투갈이 적극적으로 해양에 진출하자 지구 반대편에서도 영역을 나눌 필요가 있다고 느끼게 된 것입니다. 그래서 사라고사 조약을 체결했고, 이후 세계는 스페인과 포르투갈이 둘로 나누어 가졌습니다.

사라고사 조약 체결 당시 두 나라는 아시아에 활발하게 진출하고 있었으므로, 이때 그은 경계선을 '아시아의 양국 식민지 분계선'이라고도 합니다. 현대인의 눈으로 보면 참으로 이기적인 주장이지만 당시 유럽, 특히 스페인과 포르투갈은 세상을 그렇게 파악했습니다. 일본을 포함한 아시아를 이런 관점으로 보고 있었습니다.

철포 전래에 숨은 서양의 노림수

앞에서 설명한 '세계 분할'에 따르면, 일본은 포르투갈령에 속합니다. 포르투갈 국왕은 일방적인 식민지배를 정당화하기 위해 로마 교황에게 압력을 가해 예수회의 일본 파견을 재촉합니다. 포르투갈 상인들이 다네가시마에 철포를 들고 들어온 것을 이해하려면, 이런 상황을 먼저 알아둘 필요가 있습니다. 그들이 일본에 들어온 것은 '포

---

* 남극과 북극을 잇는, 적도와 직각으로 교차하는 선이다. 경선이라고도 한다.

르투갈 세계 전략'의 일환이었습니다.

당시 일본에서는 포르투갈 사람을 '남만南蠻'이라고 불렀습니다. 남만은 남쪽의 야만인이라는 뜻으로, 중국을 기준으로 남쪽에 있던 이민족을 일컫는 말입니다. 일본은 15세기에 무역으로 만난 나라, 특히 포르투갈·스페인 사람을 남만이라고 불렀습니다. 그리고 이들과의 무역을 남만 무역이라고 불렀습니다.

철포 전래의 경위를 설명하는 여러 가설이 있습니다. 종래에는《철포기鐵炮記》라는 사료에서 1543년 다네가시마에 표착한 포르투갈인이 철포를 가지고 들어왔다고 했습니다.《철포기》는 에도 시대 초기인 1606년에 다네가시마의 다이묘, 다네가시마 히사토키가 사쓰마(가고시마현 서부)의 승려 난포분시南浦文之에게 편찬을 맡긴 사료사료입니다. 이 사료에는 철포 전래의 일화가 담겨 있습니다. 그런데 지금은 믿을 만한 사료가 아니라는 주장이 분분합니다.

실제로는 왜구*가 동남아시아에서 화승포를 얻었다는 가설, 후기 왜구의 중심인물이었던 명나라 상인 왕직이라는 사람이 중국 범선에 포르투갈 상인을 태우고 다네가시마에 들어와 철포를 전했다는 가설이 있어서 둘 중 무엇이 맞는지 명확하지 않습니다.

＊ 14~16세기에 가장 활발하게 조선반도와 중국 해안을 약탈한 해적 집단. '왜'라고는 하지만 국적을 초월한 집단이었다. 전기 왜구 중에는 기타규슈와 세토나이카이 내해 연안의 어민과 토호가 많았는데, 일본과 명나라의 무역 발전으로 일시 진정되었다. 16세기, 아시아에서 무역이 활발해지자 무장한 밀무역집단(후기 왜구)이 활동 범위를 넓히서 다시 횡행했다. 명나라는 이필 ＋ 없이 해금령궤을 완화했고, 히네요시의 금지령으로 진정되었다.

크리스트교 포교와 예수회

스페인 출신 예수회 선교사 프란시스코 하비에르Francisco Javier가 가고시마의 보노쓰에 상륙한 시기는 1549년입니다. 예수회는 신학 교수 마르틴 루터 등의 종교개혁으로 프로테스탄트(신교)가 세력을 넓히자, 가톨릭(구교) 내에서 교황청의 권력을 옹호하며 프로테스탄트를 견제하기 위해 탄생한 새로운 수도회입니다. 하비에르는 예수회 창립을 주도한 7명 중 한 사람입니다. 예수회는 세계 선교, 이른바 크리스트교 세계 밖에 가톨릭 신앙을 전하고자 했습니다. 예수회의 세계 포교 확대와 스페인·포르투갈의 세계 진출은 밀접하게 연관되어 있습니다.

크리스트교를 만난 규슈와 시코쿠의 다이묘들은 무역에서 이익을 얻기 위해 크리스트교 신앙에도 접근했습니다. 신앙의 확대와 상권의 확대는 사실 하나로 묶여 있습니다. 철포와 크리스트교는 우연히 같은 시기에 일본으로 유입된 게 아닙니다. 따라서 철포 전래는 포르투갈이 추진한 세계 전략의 일환으로 보아야 합니다.

포르투갈의 세계 전략

포르투갈은 왜 일본에 접근했을까요? 그 이유는 이와미 은광(시마네현 소재) 때문입니다. 당시 포르투갈의 경쟁자 스페인은, 현재 볼리비아 남부에 위치한 포토시 은광에서 대규모의 은을 채굴한 뒤 명나라로 가져가 큰 이익을 얻고 있었습니다. 명나라는 일본처럼 관료들의 봉급을 쌀로 지급하고 있었는데, 스페인이 포토시 은광을 채굴한 무렵부터 은으로 봉급을 지급했습니다. 스페인은 이에 주목하여 명나라로 은을 가져갔습니다.

포르투갈은 어떻게 해서라도 스페인에 밀리고 싶지 않았습니다. 그래서 일본의 이와미 은광을 노렸습니다. 이미 후기 왜구가 이와미 은광에서 채굴한 은을 동남아시아로 유출하고 있었습니다. 게다가 포토시 은광의 은보다 훨씬 정밀도가 높았습니다. 이 은을 얻기 위해 포르투갈은 일본에 철포를 파는 전략을 구상했습니다. 이런 감각은 현대 회사원의 감각과 다르지 않을 겁니다.

포르투갈은 일본에 철포를 팔고 철포 기술도 가르치면 전란이 빗발치는 일본 사회에서 수요가 폭발할 것이라 예상했습니다. 철포를 보급하면 그다음에는 초석과 납을 대량으로, 그리고 지속적으로 팔 수 있습니다. 철포를 팔아서 은을 얻고, 초석과 납을 팔아서도 은을 얻을 수 있다는 전략입니다. 오늘날 원자력 발전소를 판매한 후 수십 년간 우라늄을 파는 전략과 다를 바가 없습니다.

크리스천이 된 다이묘의 사정

당시 예수회는 크리스트교 신앙을 보급하는 일에만 치중하지 않았습니다. 중개업자의 역할도 담당했고, 외교관의 역할도 수행했습니다. 무역에 문제가 생기면 외교 문제로 발전하므로 양쪽을 다 담당할 존재가 필요했습니다. 당시 이를 수행할 수 있는 자는 예수회 소속 선교사 외에는 없었습니다.

누구에게 철포를 팔 것인가? 어느 다이묘에게 초석과 납을 넘길 것인가? 이 모든 문제를 사실상 선교사가 결정하고 해결했습니다. 따라서 철포가 필요한 다이묘들은 선교사의 말을 들어야 했습니다. 선교사들은 거래 조건으로, 크리스트교 개종을 내걸었을 것입니다. 다이묘와 백성들이 크리스트교 개종을 받아들이면 무역의 이익도 무기도 얻을 수 있습니다. 그 결과, 규슈에 많은 크리스천 다이묘가 탄생했습니다. 이를 일본식 발음으로 '기리시탄 다이묘'라고 합니다.

오토모 소린을 비롯해서 오무라 스미타다, 아리마 하루노부 등이 앞다투어 크리스트교로 개종했습니다. 그들 영토에서는 크리스트교 포교를 진행했고 예수회를 위해 항구도 개방했습니다. 스미타다는 나가사키에 항구를 열었고, 이윽고 항구를 예수회에 바쳤습니다. 이렇게 해서라도 무역 이익을 얻고, 군사 물자를 얻을 필요가 있었기 때문입니다.

오다 노부나가가 앞선 배경

전국시대는 패러다임이 전환되는 시기였습니다. 규슈 지역에서 겪은 '서양 충격'으로, 정치·경제·사회 체제가 전국적으로 바뀌었습니다. 철포 전래로 무기의 성능이 달라지자 센고쿠 다이묘들의 전투 방식이 바뀌었습니다. 동시에 예수회가 전파한 무역·판매 시스템도 당시 일본 사회를 크게 바꾸었습니다. 이러한 두 개의 충격으로 전국시대는 크게 변화했고, 센고쿠 다이묘들도 이기기 위한 전략을 바꾸어야 했습니다. 그렇지 않으면 살아남을 수 없는 상황이 되었습니다.

센고쿠 다이묘는 슈고 다이묘와 달랐습니다. 슈고 다이묘는 막부의 임명을 받아 영지를 지배했습니다. 센고쿠 다이묘는 슈고 다이묘를 쓰러트리고, 자신의 능력으로 영지의 지배자가 된 '전국시대의 다이묘들'입니다. 따라서 그들은 더 적극적으로 체제를 전환해야 했습니다.

이런 흐름을 가장 먼저 받아들이고 적극적으로 변혁을 이룬 사람이 오다 노부나가입니다. 그는 크리스트교 포교를 허용하고, 영내에 예수회 학교 '세미나리요セミナリヨ'* 건설을 허락했습니다. 일반적으로 노부나가가 크리스트교를 받아들인 이유는 불교 세력을 제압하기 위해서라고 합니다. 그러나 저는, 노부나가에게 예수회 선교사는 군사·기술·정치 등 모든 분야를 아우르는 '고용 외국인' 혹은 '군사 고문단'과 같은 것이었다고 판단합니다. 그들 중에는 군사·건축·항해 기술 등 여러 분야의 전문가가 있었습니다. 노부나가는 그들의 기술과 지식을 자신의 정책에 반영했습니다. 노부나가의 참신한 전략과 정책 등은 그들에게서 배운 것이라 봐도 무방합니다.

아즈치 성 건설도, 비와코 호수(비와호)에 건조한 거대한 배도 분명 유럽에서 들어온 기술과 사상을 활용한 것입니다. 제4장에서 소개하겠습니다만 노부나가의 '철포와 긴 창의 조합 전술'도, 16세기 초 스페인이 프랑스군을 무찌르는 데에 활용한 '테르시오' 보병 편제에서 착안했을 것으로 생각합니다. 노부나가와 혼노지의 변 연구에서 획기적인 성과를 창출한 미에 대학의 후지타 다쓰오 교수는 "노부나가는 크리스트교를 보호하는 대신 예수회로부터 군사적 협력을 받았

---

* 예수회가 일본에 처음 설립한 신학교이다.

다. 예수회가 제공한 철포와 대포라는 신식기술과 군사물자는 노부나가가 천하통일을 이루는 데에 큰 도움이 된 자산이었다."라고 주장했습니다.

노부나가의 동맹자였던 이에야스는 노부나가의 혁신적인 정치를 직접 눈으로 보았고, 철포로 대표되는 서구 문명을 받아들이는 일이 얼마나 중요한 것인지 충분히 이해했습니다.

센고쿠 다이묘는 유통 경제로 탄생했다

"철포를 얼마나 준비했는가? 초석이나 납을 얻을 수 있는 루트를 확보했는가? 이들을 얻을 자금은 가지고 있었는가?"

이런 물음을 이해하지 못하면 전국시대를 논할 수 없습니다. 전국시대를 고리타분하게 생각하는 사람 중 일부는 "오다 노부나가와 우에스기 겐신이 싸웠다면 어느 쪽이 이겼을까?" 따위의 상상을 하곤 합니다. 국지적 전술 수준에서 본다면 승패를 점치기 어렵지만, 전략적으로는 비교조차 할 수 없습니다. 노부나가는 대항해시대의 세계화적 경향에 대응했고, 겐신은 그렇지 못했습니다. 이 차이는 우리가 상상하는 수준보다 훨씬 큽니다.

한편 대항해시대와의 만남은 센고쿠 다이묘들끼리의 대결을 격화시켰고 천하통일 경쟁을 치열하게 부추겼습니다. 또한 무로마치 막부의 슈고 다이묘가 몰락하고, 센고쿠 다이묘가 대두되도록 영향을 끼치기도 했습니다.

  슈고 다이묘는 원래 농본주의적이고 지방분권적인 존재입니다. 그
런데 남만 무역이 시작되며 대량의 화폐와 상품이 국내에서 유통되
자, 유통권을 확보한 자가 가장 큰 부자가 되고 힘을 가지게 되었습
니다. 그들이 누군가 하면 '슈고다이守護代'*였습니다. 막부로부터 임명
은 받았지만 임지에 부임하지 않은 슈고 다이묘를 대신해 항구와 유
통 경로를 관리하던 현지의 실무 관료입니다. 이를테면 오다 노부나
가가 태어난 오다단조노조 가문은 오와리(아이치현 서부)의 슈고다이조
차 아니었습니다. 오와리의 4개의 군을 지배하는 슈고다이였던 오다
야마토노카미 가문의 친척에 불과했습니다. 그러나 오다 노부나가의
아버지 노부히데 시기부터 이미 오와리의 군세를 이끌고 미노(기후현
남부)의 사이토 도산, 스루가(시즈오카현 중동부)의 이마가와 요시모토와
전투를 치렀습니다. 또한 황실의 조상을 모시는 이세 신궁의 재건축
神宮式年遷宮을 위해 700관문貫文**과 목재를 헌상했고, 천황의 황거(천황
의 주거지역) 수리비로 4,000관문이나 헌상했습니다. 이런 자금이 어디
에서 나왔을까요? 바로 쓰시마와 아쓰타의 항구에서 거두어들인 항
만 이용세와 통행세였습니다. 유통 루트를 잡고 있어서 큰 자금을 확
보할 수 있었던 것입니다.

  슈고 다이묘의 토착 무사였던 '구니슈國衆'*** 중에서도 센고쿠 다이

---

* 가마쿠라 시대부터 무로마치 시대까지, 막부로부터 임명을 받았으나 임지에 부임하지 않은 슈고 다이묘의
  업무를 현지에서 대행하거나 보좌하는 관리를 뜻한다.
** 중국에서 들어온 주화를 세기 위한 단위의 하나이다.
*** 무로마치 시대 영지마다 구사·행정을 통관하기 위해서 든 지책으로 세력을 기운 슈고 디이묘의 기신과
    그 영지의 토착인이 맡는다.

묘로 거듭난 예가 많았습니다. 그들은 슈고다이보다 아래였지만 슈고다이로부터 상품 유통 경로와 경제권을 빼앗아 새로운 시대에 대응하는 센고쿠 다이묘로 성장했습니다. 구니슈는 제3장에서 자세하게 설명하겠습니다.

일본에 전란을 불러일으킨 세 가지 요인

유통 경제에 주목해 전국시대의 일본을 보면, 위에서 기술한 바와 같은 엄청난 변화가 있었음을 알 수 있습니다. 이와 같은 시대 변화는 결코 전국시대만의 현상이 아니었습니다. 중세 이후의 일본 역사를 되돌아보면 일정한 법칙이 있음을 알 수 있습니다. 일본사에서의 대외무역은 송·원·명과의 무역, 남만 무역, 그리고 막부 말기 열강과의 무역이 있습니다. 먼저 ①'무역의 세계화'가 일어나고, 그다음 ②'국내 경제구조의 전환'이 일어납니다. 이것은 주로 농본주의에서 중상주의로의 전환이라는 형태로 나타납니다. 노부나가와 히데요시가 중상주의 국가를 지향한 건 남만 무역 시대에 맞춘 패러다임 전환이었다고 할 수 있습니다. 그리고 다음으로 ③'경제구조 변화에 대응할 수 있는 사람들'의 대두입니다. 이상의 ①, ②, ③은 사실 일본에 전란을 불러온 요인이기도 합니다. 일본과 송나라와의 무역이 시작되었을 때는 다이라노 기요모리가 등장했고, 원나라와 무역이 이루어졌을 때는 고다이고 천황이 권력을 장악했습니다. 무로마치 막부 제3대 쇼군 아시카가 요시미쓰는 명나라와의 무역으로 강대한 힘을 발휘했고, 남만 무역으로는 노부나가가 천하를 손에 넣었습니다. 모두 해외 무역을 이용해 중상주의·중앙집권적 정치를 지향한 인물들이 전란을 일으키고 결국 승리를 거두었습니다.

일본인들은 그들을 영웅으로 보기는 하지만 무슨 이유인지 그들이 이룬 중상주의나 중앙집권 정책을 좋아하지 않습니다. 아무래도 농본주의나 지방분권의 세상으로 돌아가려는 역학이 작용하는 것 같습니다. 시대는 기요모리를 선택하지 않았고, 미나모토노 요리토모를 선택했습니다. 마찬가지로 고다이고 천황이 아니라 아시카가 다카우지를, 요시미쓰가 아니라 그 아들이자 무로마치 막부 4대 쇼군인 아시카가 요시모치를, 그리고 노부나가가 아니라 도쿠가와 이에야스를 선택했습니다.

이것은 모두 중상주의·중앙집권적 정치를 부정하고 최종적으로는 농본주의·지방분권적 정치를 선택한 결과라고 할 수 있습니다.

율령제와 천황제

왜 이런 역사가 탄생했는지 간단하게 설명하기는 쉽지 않으나 저는 그 힌트가 고대 천황제 국가의 공지공민제公地公民制*에 있다고 추측합니다. 공지공민을 중심으로 하는 율령제는 천황 중심의 나라를 만들기 위한 개념입니다. 본래는 중앙집권적 시스템의 핵심입니다. 하지만 농업을 국가의 근간으로 간주하는 농본주의적 발상과 이어져

＊ 율령제로 토지와 인민을 조정이 공유한 제도이다. 일본은 645년 다이카 개신(大化の改新)으로 실시되었다. 공민을 호적·계장(計帳)에 등록해서 구분전을 지급하고 과세했다.

있고, 실제로 전국 지배를 담당하는 건 각지로 파견된 지방관들이었습니다.

생각해보면 천황이라는 존재 그 자체가, 신화의 세계에서 일관되게 농업을 담당하는 제사장의 속성을 보유합니다. 천황은 천상에서 내려온 신의 자손이고, 일본 내 수많은 신과 공존합니다. 그런 천황을 중심으로 세워진 일본은 근본적으로 농본주의·지방분권을 지향합니다. 때로는 반기를 드는 영웅이 등장해 전란의 시대가 찾아오지만 궁극적으로는 천황을 중심으로 하는 농본주의·지방분권체제로 회귀합니다. 다이라노 기요모리, 고다이고 천황, 아시카가 요시미쓰, 오다 노부나가도 모두 천황제를 부정하지는 않았으나 천황을 둘러싼 종래의 시스템과 대립했습니다.

전국시대의 실버러시Silver rush

주제를 다시 전국시대로 되돌리겠습니다. 남만 무역으로 이전보다 수배에 달하는 상품과 화폐가 일본에 유통되었습니다. 이에 따라 일본에서는 경제가 급속도로 성장했습니다. 대외무역이 확대되자 은 수요가 폭발적으로 증가했고, 이와미 은광을 비롯한 은광 개발이 추진됐습니다. 그야말로 '실버러시'라고 부를 만한 상황이 도래했습니다.

이는 일본 문화에도 큰 영향을 끼칩니다. 자금력을 바탕으로 힘을 키운 센고쿠 다이묘들이 축성을 시작했습니다. '쇼쿠호케이 성곽(織豊系城郭, 노부나가와 히데요시 휘하의 다이묘들이 건설한 성곽)'이라고 불리는 성은 이 시기에 축조되었습니다. 값비싼 가노파狩野派*의 그림들이 벽화와 맹장지 등으로 만들어졌습니다. 그야말로 호화찬란한 아즈치·모모야마 문화安土桃山의 시대1568~1603가 출현했습니다.

　나고야가쿠인 대학의 가게 도시오 교수는 "무로마치 시대부터 전국시대 초기에 걸쳐 일본의 주요 수출품은 유황이었다. 그런데 16세기 중반부터 은 광산 개발이 진행되자 은이 주 수출품이 되었다."라고 주장했습니다. 그리고 규슈의 오토모 가문이나 시마즈 가문을 유황 자원으로 성장한 '유황 다이묘'라고 명명했습니다. 한편 이와미 은광 등에서 이익을 획득해 거대해진 모리 가문과 도요토미 히데요시를 '실버 다이묘'라고 명명했습니다.

수수께끼의 도시, '사카이'

　전국시대의 고도경제성장을 뒷받침한 부의 집적지集積地이자 내외교역의 거점이었던 곳이 '사카이堺(오사카부 중부)'입니다. 사카이는 나야슈(納屋衆, 호상)라는 부유한 상인들이 지배한 자치도시로 유명합니다. 나야슈는 일종의 시민대표자들입니다. 시민들이 일정한 방법으로 각 분야의 대표자를 뽑고, 그들이 정치·경제·사회·문화 전 영역을 통제했습니다.

　나야슈와 노부나가의 지배 관계 혹은 공존 관계를 알 수 있는 사료

---

*　무로마치 막부 시대 중기의 어용화가로, 가노 마사노부를 시조로 하는 일본화 최대의 유파이다. 아들 모토노부는 가노파 박전의 초상을 다졌다. 에이토쿠, 산라쿠, 단유 등이 대선했다. 노부나가와 히데요시기 에이토쿠의 호화찬란한 금벽장벽화(金碧障壁畵)를 특히 좋아해서 중용했다.

는 현재까진 없습니다. 저도 몇 번이나 취재 차원으로 현지를 방문했으나 그 지역의 역사 관련 기록에서 사카이의 실태를 알 수 있는 기술을 보이지 않았습니다.

에도 막부는 기본적으로 자유로운 상업 활동을 억압하고 여러 규제를 가했습니다. 상인들의 자치도시로 알려진 사카이는, 이런 의미에서 상황이 나빠졌을 수도 있습니다. 혹은 전국시대 때의 사카이에 관한 기록이나 사료를 막부가 몰수했을 수도 있습니다. 몰수했다면 어딘가에 보존되었을 테고 언젠가 발견될 가능성도 있을 겁니다. 그러나 제가 아는 한, 현재로서는 이와 관련된 사료가 없습니다.

사카이의 번영과 광물 자원

예수회 선교사 루이스 프로이스Luís Fróis가 사카이를 "재물이 넉넉하고 여러 나라의 물자가 모이는 시장 같은 곳"이라고 평가한 것을 보면, 사카이가 무역도시로 번영한 사실만큼은 틀림없습니다. 사카이시박물관의 쓰즈키 신이치로 학예사에 따르면, 화약의 주원료인 초석과 유황이 외부에서 사카이로 반입되었고 이를 증명할 수 있는 유물이 발견되었다고 합니다.

'사카이 환호도시유적堺環濠都市遺跡'이라는 사카이의 유적지에서 4개의 귀가 달린 항아리 '사이호四耳壺'가 발굴되었습니다. 이 안에는 유황이 저장되어 있었다고 합니다. 제6장에서 자세히 언급할 동위원소 분석 방법에 따르면, 이 유황은 분고(오이타현) 구주렌잔의 유황산 혹은 유후의 가란다케에서 산출된 것임을 알 수 있습니다. 이 항아리는 태국 제품으로 아유타야 왕조14~18세기의 수도 아유타야에서 일본으로 수출하는 물자의 운반용기였다고 합니다.

쓰즈키 신이치로 학예사는 아유타야에서 이 항아리에 초석이나 납 덩어리를 담아 오토모 가문의 본거지인 분고에 수출하면, 분고에서는 이 항아리를 재활용하여 유황을 담아 사카이에 수출했을 것이라고 분석했습니다.

다도의 정치학

사카이 상인의 입장이 반영된 사료가 한정되어 그들과 손을 잡은 노부나가나 히데요시 측 사료에서 유추해야 하지만 아마도 사카이의 상인 나야슈의 힘을 빌리지 않으면 정권을 구축하는 일은 어려웠을 것입니다.

나야슈라고 하면 센노 리큐千利久 이마이 소큐今井宗久, 쓰다 소규津田宗及가 유명합니다. 쓰다 소규는 덴노지야(天王寺屋, 금융업)의 주인으로 사카이 최고의 호상으로 꼽혔으니, 지금으로 치면 대형 종합상사의 회장이라고 할 수 있습니다. 이 세 사람은 오다 노부나가에게 중용되어 다두茶頭, 이른바 다도의 최고 스승인 '천하삼종장天下三宗匠'이라고 불렸습니다. 노부나가는 이들을 다두로 삼았을 뿐만 아니라 곁에 두어 나야슈와의 중간 역할을 담당케 했습니다.

다도는 단순히 차를 마시는 취미가 아닙니다. 비즈니스나 정치와 밀접하게 연결됐습니다. 다실은 상업상의 거래를 위해 대화를 나누는 자리이기도 했습니다. 사방이 꽉 막혀 있어 아무나 접근할 수도 없었습니다. 다실에서 열리는 다도회에 초대받는다는 건 최상류 계층의 비밀 모임에 초대받았다는 의미였습니다.

중요한 건 다도를 널리 알리고 다도회를 계획하는 자가 센노 리큐와 같은 나야슈였다는 사실입니다. 나야슈는 다도를 이용해 노부나가·히데요시·이에야스로 이어지는 천하인(天下人, 천하를 제패했거나 그에 맞먹는 위업을 세운 인물)을 비롯한 유력 인사들에게 접근했습니다. 그리고 그들과 상업적인 협의를 하거나 사카이를 위한 정치 공작에 전념했습니다.

저는 교토에서 15년 정도 다도를 배웠기 때문에, 다실의 분위기나 그 숨겨진 의미를 잘 알고 있습니다. 다도회를 열고, 다도회에 초대받는다는 것은 거기에서만 만날 수 있는 특별한 상대와 밀담을 나눌 자격을 인정받았다는 뜻입니다. 히데요시나 사사키 나리마사 등이 노부나가로부터 다기를 배령하고 다도회를 허락받았을 때 감동했다는 이야기는 유명합니다. 그들은 주군께 배령한 다기를 들고 "한 나라와 바꾸어도 아깝지 않다."라고 하면서 기뻐했습니다. 다도회 개최를 허락받았다는 건 천하를 움직이는 밀담 네트워크에 들어갈 기회를 얻었다는 의미였을 겁니다. 노부나가는 다도회나 다도를 이렇게 이용할 줄 아는 지혜가 있었습니다.

사카이는 전국시대, 이른바 일본의 고도경제성장기에 경제적으로나 정치적으로나 매우 중요한 위치에 있었습니다. 이에야스 역시 센노 리큐와 같은 풍류인이 진행하는 다도회에서 기밀 정보를 수집하고, 나야슈와 상거래를 의논하고 정치적인 공작을 펼쳤을 겁니다. 다실은 외부에서는 나눌 수 없는 밀담이나 정치적 거래가 진행되는 공간이었습니다.

에도 시대가 되자 사카이는 역사에서 철저하게 배제되었습니다. 그 이유 중 하나가 사카이의 이런 독특한 정체성 때문인지도 모릅니다. 노부나가의 힘을 빌려 정치 세계에 깊숙이 들어간 나아슈가 자신들의 증거를 숨기기 위해 기록을 없애버렸을 가능성도 있습니다.

표1 도쿠가와 이에야스의 생애 연표

연호	연도	사건
덴분天文 11	1542	이에야스 탄생(양력으로는 1543년)
12	1543	일본에 서구 철포가 전래
18	1549	예수회 선교사 프란시스코 하비에르, 가고시마의 보노쓰에 상륙
에이로쿠永禄 2	1559	이에야스의 장남, 노부야스 탄생
3	1560	이에야스의 장녀, 가메히메 탄생 오케하자마 전투 발발 이에야스의 외할머니, 게요인 사망1492~1560
5	1562	오다 노부나가와 이에야스의 기요스 동맹 성립 쓰키야마도노(부인)와 아이들을 오카자키 성으로 데려옴
6	1563	미카와 잇코잇키 발생(1564년에 진압 성공)
9	1566	이에야스, 성姓을 '도쿠가와'로 변경
11	1568	오다 노부나가, 아시카가 요시아키를 15대 쇼군으로 옹립 도쿠가와 이에야스와 다케다 신겐의 밀약 체결
겐키元亀 1	1570	제1차 노부나가 포위망 결성1570~1573
3	1572	미카타가하라 전투 발발
덴쇼天正 1	1573	다케다 신겐 사망 오다 노부나가 세력과 도모 막부1573~1582 세력의 대립
3	1575	4월, 오가 야시로 사건 발생 5월, 나가시노 전투
7	1579	쓰키야마도노 사건으로 정실 쓰키야마도노와 장남 노부야스 처형
10	1582	다케다 가문 멸문, 혼노지의 변 발생
12	1584	유키 히데야스(오만노가타의 아들), 히데요시의 양자로 입적
13	1585	히데요시, 49세에 관백내대신関白内大臣에 취임
15	1587	히데요시, '바테렌 추방령'을 발표
18	1590	도쿠가와 이에야스, 에도를 본거지로 정비함
분로쿠文禄 1	1593	조선 침략1592~1593
게이초慶長 3	1598	도요토미 히데요시 사망, 조선 침략 중지
5	1600	세키가하라 전투
8	1603	에도 막부 성립
11	1606	《철포기》 편찬, 제1차 천하보청1606~1611 시행
16	1611	제2차 천하보청1611~1614 시행
겐나元和 1	1615	오사카 전투 발발, 이후 도요토미 가문 멸문
2	1616	도쿠가와 이에야스 사망
8	1622	도네 강 정비 시작1622~1641
겐로쿠元禄 3	1690	에도의 수운 체제가 완성

제**3**장

인질 시절의
도쿠가와 이에야스

이에야스의 조상과 '18 마쓰다이라'

제2장에서 기술한 바처럼 도쿠가와 이에야스가 태어난 시기는 철포가 들어온 해, 양력으로 1543년입니다. 이에야스의 마쓰다이라 가문은, 미카와(아이치현 동부)의 마쓰다이라고를 본거지로 둔 토호였다고 합니다. 이에야스의 조상을 둘러싼 전승과 수수께끼가 여러 개라 아직 확실하지 않은 부분도 있습니다.

닛타 요시시게의 아들인 도쿠가와得川 요시스에의 자손 중 한 사람(무사)이 남북조 시대1336~1392*에 마쓰다이라고에 흘러들어가 마쓰다이라 가문의 데릴사위가 되었는데, 그의 이름이 마쓰다이라 지카우지였다고 합니다. 요시시게는 '하치만타로'라는 이름으로 알려진 미나모토노 요시이에의 손자인데, 닛타 요시사다로 이어지는 닛타 가문

---

* 1336년에 아시카가 다카우지가 고묘 천황을 옹립해 북조를 수립한 뒤 무로마치 막부를 개창했고, 고다이고 천황은 요시노에 남조를 수립해 일본열도가 둘로 분열되었다. 이후 다카우지의 손자 요시미쓰가 남북조를 통일하여 무로마치 막부의 천하가 완성되었다. 1392년에 남조와 북조가 합쳐지기까지 약 60년간을 남북조 시대라고 한다. 이 시대 일본은 남조와 북조 두 조정으로 나뉘어 각시 나른 연호를 사용하며 정당성을 주장했다.

의 조상입니다.

지카우지는 남조 측 사람이었습니다. 남조가 무로마치 막부에 패배하여 쫓기던 중 미카와까지 흘러들어왔을 것입니다. '도쿠아미'라는 이름의 가난한 승려의 모습이었다고 합니다. 그런데 마쓰다이라 일족이 그의 능력을 인정하고 데릴사위로 받아들였습니다. 지카우지는 자신이 닛타 가문 출신인 도쿠가와 요시스에의 핏줄을 이어받았다는 사실을 인식하고 있었던 것 같습니다. 지카우지부터 시작해서 3대째 종가인 마쓰다이라 노부미쓰(지카우지의 아들이라고도 함) 시대의 기록에서 이를 엿볼 수 있습니다. 노부미쓰라는 사람도 훌륭한 역량을 가졌던 것 같습니다. 자식을 40명이나 두었습니다. 그 자식들이 니시미카와(아이치현 중부) 지역으로 퍼져나가 '18 마쓰다이라'라는 일족을 이루고 지역 지배의 원형을 만들었습니다.

1대 마쓰다이라 지카우지부터 9대 도쿠가와 이에야스 시대까지 내려오면서 마쓰다이라 가문에서 분가하여 독립한 사람들이 있습니다. 이들 일족을 모두 모아 '18 마쓰다이라 일족'이라 부릅니다. 도쿠가와 종가를 포함하는 경우도 있고, 이에야스의 조부 마쓰다이라 기요야스까지의 서가庶家로 한정하는 경우도 있습니다.

노부미쓰의 아들이자 마쓰다이라 가문의 제4대 당주인 마쓰다이라 지카타다가 이에야스의 직계 조상입니다. 마쓰다이라의 본가가 아니라 분가였던 것 같은데, 역시 능력을 인정받아 본가를 대신해 마쓰다이라 일족을 이끌었다고 합니다. 그는 '18 마쓰다이라'라는 느슨한 연합체의 니시미카와를 다스렸습니다. 무로마치 시대 특유의 자

표2 마쓰다이라 가문의 가계도

가계도 중 ❺를 제외한 나머지 소괄호는, 그 사람이 이후 성姓을 바꿨음을 알린다. 예를 들어 ❹의 지카타다는 '마쓰다이라 지카타다'에서 '안조 지카타다'로 개명한다. ❺의 경우는 이름을 바꾸었다. '마쓰다이라 나가타다'로 살다가 나중에 '마쓰다이라 나가치카'로 개명했다.

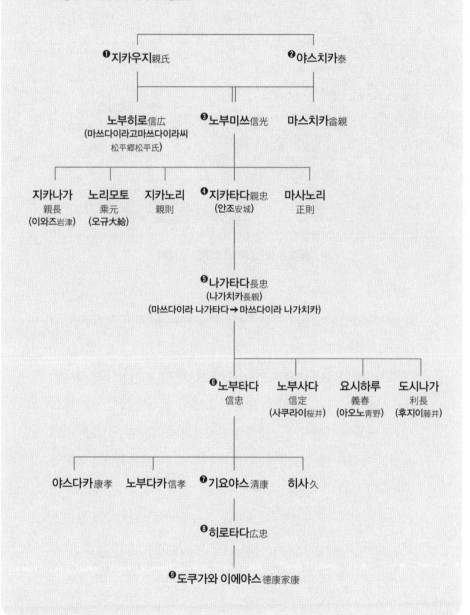

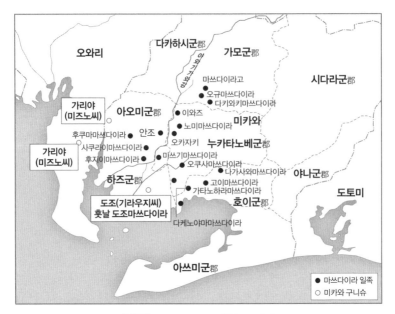

지도4 **마쓰다이라 일족의 소재지**

치 촌락이었던 '소손惣村'*처럼, 여러 구성원이 의논하고 합의하며 주요 사안을 함께 결정했습니다.

이런 촌락의 장을 마쓰다이라 지카타다가 맡게 되었다는 정도로 이해하면 됩니다. '느슨한 연합체'인 소손의 특징이 훗날 이에야스 시대에 발발한 미카와 잇코잇키와 관계가 있을 겁니다. 소손적 평등과 합의 정신은 잇코잇키 정신세계와 매우 닮은 부분이 있기 때문입니다.

---

* 자립적인 유력 농민이 중심이 되어 형성된 촌락의 자치적 공동조직이다. 기나이(畿內, 메이지 이전까지 황거 부근의 직할지)를 중심으로 발달했다. 집회를 열고 그 구성원인 총백성(惣百姓)의 총의로 규칙을 정하고 공유지나 용수 관리, 장원 영주나 공직자들과 연공 교섭 등을 해결했다.

기요야스 · 히로타다 · 이에야스

전국시대에 접어들자 '느슨한 연합체'로는 센고쿠 다이묘들과의 싸움에서 살아남을 수 없게 되었습니다. 정치·경제·군사를 일원적으로 지배할 수 있는, 강력한 리더십을 가진 지도자가 필요해졌습니다.

이때 등장한 사람이 이에야스의 할아버지, 마쓰다이라 기요야스입니다. 기요야스는 소손과 같은 느슨한 유대감을 부정하고, 훗날의 이에야스처럼 미카와 통일을 추진했습니다. 영지 지배의 시스템도 합의제가 아니라 주군과 신하의 주종제로 바꿉니다. 평등을 부정하고 일원화된 지도·명령 계통을 확립합니다. 그러다 인접 영지인 오와리의 오다 노부히데와 싸우다 사망합니다. 오다 노부히데의 모리야마 성을 공격하던 도중 가신에게 살해당합니다. 이 비극적인 사건을 사람들은 '모리야마 구즈레守山崩れ'라고 부릅니다.

기요야스의 아들 마쓰다이라 히로타다는 당시 센마쓰마루라는 이름의 어린 소년이었습니다. 기요야스의 숙부인 마쓰다이라 노부사다는 히로타다를 미카와에서 쫓아냈습니다. 노부사다는 오다 가문과 교류하던 사쿠라이마쓰다이라 가문의 일원으로, 노부사다 때문에 히로타다는 이세(미에현, 기후현, 아이치현의 일부)와 도토우미(시즈오카현 서부) 등 여러 지역을 방랑한 후 이마가와 가문에 의지하게 됩니다. 이윽고 히로타다는 이마가와 가문의 도움을 받고 미카와로 돌아와 오카자키 성에 들어갈 수 있었습니다.

이때 히로타다는 겨우 16살. 마쓰다이라 종가로서 일족을 하나로 합지는 네 성공한 히로타다는 가리야의 구니슈, 미즈노 다다마사의 딸 오다이 1528~1602를 아내로 맞이합니다. 그 이듬해 둘 사이에서 태어난 아들이 이에야스입니다. 오다이의 오빠는 훗날 이에야스와도 인연이 깊은 미즈노 노부모토입니다.

오다 가문은 이에야스를 납치하지 않았다

히로타다는 오카자키 성으로 무사히 돌아왔지만 입성을 도운 이마가와 가문에 종속되어야 했습니다. 이마가와 가문을 따르는 범위 안에서 히로타다의 존재가 인정되었습니다.

당시는 오와리의 오다 가문과 스루가의 이마가와 가문이 정면으로 대립했습니다. 마쓰다이라 가문은 독립 세력이기는 하지만 센고쿠 다이묘로서 영지를 지배하는 오다 가문과 이마가와 가문 밑에서 자치를 인정받은 '구니슈'에 불과했습니다. 일단 전쟁이 시작되면, 자신이 따르는 다이묘를 위해 출진해야 했습니다. 대신 다른 다이묘에게 공격받으면, 모시던 다이묘가 지원군을 보내줍니다. 만약 주군이 자신을 지켜주지 않으면 다른 다이묘 밑으로 옮겨갈 수도 있습니다. 당시의 구니슈들은 이런 방식으로 생존을 도모했습니다.

이마가와 요시모토는 히로타다가 이마가와 가문을 따른다는 증거로, 6살 어린 아들 이에야스를 인질로 슨푸에 보내라고 합니다. 당시 이에야스의 이름은 '다케치요'였습니다. 마쓰다이라 가문의 장남은 어린 시절 모두 이 이름을 사용했습니다. 이에야스는 아쓰미 반도의 다하라 성 부근에서 바닷길을 이용해서 슨푸 성으로 향할 예정이었습니다. 그런데 다하라 성의 성주 도다가 배신하여 이에야스는 오다 측으로 넘어갑니다. 그래서 이에야스는 6살부터 8살까지 오다 가문에서 인질로 생활한 것으로 알려져 있습니다.

　최근 연구에 따르면, 이런 정보는 동시대 사료에서 찾아볼 수가 없습니다. 따라서 처음부터 오다 가문에 인질로 보냈다는 가설이 유력시되고 있습니다. 당시 오다 노부히데는 안조 성과 오카자키 성을 공격했으므로, 이에야스의 아버지 히로타다는 일단 오다 가문에 항복한 상황이었습니다. 아마도 이때 아들을 인질로 보내는 거래가 이루어졌을 것으로 예상합니다.

이마가와 가문에서의 인질 생활

　마쓰다이라 히로타다는 이마가와 가문의 도움을 받으며 오다 가문에 빼앗긴 영토와 성을 되찾고 세력을 회복하고 있었는데, 1549년에 죽습니다. 병사라고도, 가신에게 살해당했다고도 합니다. 24살의 젊은 나이였습니다. 히로타다에게는 이에야스 외에는 다른 아들이 없었기 때문에, 이에야스는 오다 가문의 인질이었음에도 마쓰다이라 가문의 당주(가주)가 될 존재였습니다.

　마쓰다이라 가문의 가신들은 어떻게 해서라도 이에야스를 되찾고 싶었지만 당시 마쓰다이라 가문의 힘으로는 어려웠습니다. 이마가와 가문에 의지할 수밖에 없었고, 이마가와는 그 뜻을 받아들였습니다. 이마가와 요시모토의 군사 고문이자 린자이지 사찰의 2대 주지스님인 다이겐 셋사이가 미카와에 병사를 보내 안조 성을 공격했습니다. 그리고 성을 지키는 오다 노부히로(노부나가의 이복형)를 생포해서 이에야스와의 인질교환을 이루어냅니다.

이에야스는, 이번에는 슨푸의 이마가와 가문 인질이 되었습니다. 여기서 '인질'이라는 단어에 주의할 필요가 있습니다. 지금은 '인질'이라 하면 '사로잡혀서 자유가 없는 옥살이'를 떠올리지만 실제로는 '객장客將'*으로 대접을 받았습니다.

노부나가를 예로 들자면, 훗날 가신이 될 다이묘들의 자식을 가까이에 두고 교육해 측근으로 발탁하기도 했습니다. 가모 가타히데의 아들 가모 우지사토가 그랬고, 모리 요시나리의 아들들이 그랬습니다. 이에야스도 훗날 같은 방법으로 인질을 두었습니다. 이것이 이 시대의 인질입니다. 이에야스는 어렸지만 마쓰다이라 가문의 당주였습니다. 이마가와 가문 입장에서는, 마쓰다이라 가문의 어린 당주를 슨푸에서 보호하고 있다는 정도의 느낌이었을 것입니다. 물론 마쓰다이라 가문은 이마가와 가문에 종속된 관계였으니, '배반을 방지하기 위한 인질'이라는 긴장감을 어느 정도는 느꼈을 겁니다. 그래도 학대를 겪었단 이야기는 후세에 만들어진 것입니다.

이에야스가 이마가와 가문에서 배운 것

이에야스가 인질로 있었던 시절의 이마가와 영내는 '이마가와 문화'라고 불리는 문화가 꽃피우고 있었습니다. 이마가와 가문은 원래 '천하의 부(副, 버금갈 부)쇼군'으로 일컬어지는 가문으로, "아시카가 가

---

* 손님 신분으로 보살핌을 받는 무장이나 장군을 의미한다

문이 멸망하면 기라 가문이 뒤를 잇고, 기라가 멸망하면 이마가와가 계승한다."라고 할 정도의 명문이었습니다. 본거지인 슨푸 성에는 교토의 많은 귀족이 찾아와 도읍지의 문화를 전파했습니다. 원래 스루가 지역은 간토와 간사이 중간에 위치하는 교통의 요지로 태평양 해운의 집적지이기도 했습니다. 풍부한 문화적 향기가 짙은 도시였습니다. 교토 다음으로 높은 수준의 문화를 향유했습니다. 이에야스는 여기서 8살부터 19살까지 최첨단의 학문을 배웠고, 이 시절의 경험은 이에야스의 인격에 대단히 큰 영향을 끼칩니다. 이에야스의 학문이나 성격의 기초는 슨푸에서 형성되었다 평해도 과언이 아닙니다.

학문은 다이겐 셋사이로부터 배웠습니다. 특히 전략·전술 면에서 많은 것을 배웠습니다. 셋사이는 린자이지 사찰의 주지 스님이지만, '진려陳侶'라는 이칭으로 불리면서 이마가와 요시모토의 군사 고문이자 군대를 이끄는 무장 역할도 담당했습니다. 당시의 승려는 시모쓰케에 있는 아시카가 학교에서 많은 것을 배웠습니다. 그곳에서 손자병법을 포함한 병법서를 익힐 수도 있었습니다. 또한 당시의 이마가와 가문은 '고소슨 삼국동맹甲相駿三國同盟', 즉 다케다 신겐·호조 우지야스·이마가와 요시모토의 혼인 동맹 관계를 유지하고 있었는데, 이 동맹을 처음부터 계획하고 추진한 사람도 다이겐 셋사이였습니다.

젊은 날의 이에야스는 이렇게 센고쿠 다이묘들이 펼치는 외교의 최전선을 가까이에서 볼 수 있었습니다. 슨푸 성에는 다른 영지의 다양한 정보들이 유입되었고 이에야스는 정보의 중요성과 전략의 의미를 확실히 배웠습니다. 물론 요시모토에게서 정치나 문화를 직접 배울 기회도 있었을 것입니다. 요시모토의 석자인 이마가와 우지자네는 이에야스보다 4살 많았으니, 어떻게든 교류를 했을 것입니다. 당시 이마가와 가문에게는 이에야스처럼 인질(손님) 대접을 받으며 머무르는 젊은이들이 많이 있었습니다. 이마가와 가문을 섬기는 유력자들이 자기 가문의 적자를 슨푸 성에 보냈고, 그들 중 이에야스는 여러 점에서 두각을 드러내는 인재였다고 합니다.

인질 시절의 인맥, 미래의 자산이 되다

야구나 축구 같은 스포츠도 그렇지만 또래 아이들이 얼굴을 맞대고 공동생활을 하다 보면 '저 녀석은 가능성이 있다', '도저히 저놈만은 이길 수가 없다' 등을 느낄 수 있습니다. 이길 수 없다면 어떻게 해서라도 친밀하게 지내고, 때에 따라서는 그 친구의 밑으로 들어가야 한다는 판단에 이르기도 합니다.

이마가와 가문 인질 시절에 이에야스가 맺은 인간관계, 즉 인맥은 훗날 이에야스의 큰 재산이 되었습니다. 대표적으로 호조 우지노리를 꼽을 수 있습니다. 호조 우지노리는 오다와라 성을 지배하던 호조 가문의 3대 당주, 호조 우지야스의 4남(또는 5남)입니다. 그는 이에야스와 같은 시기에 이마가와 가문에서 인질 생활을 겪었습니다.

호조 우지노리는 훗날 호조 가문으로 돌아가 4대 호조 우지마사, 5대 호조 우지나오 시대의 중신重臣으로 활약합니다. 그리고 도쿠가와 가문과 호조 가문이 다양한 외교 교섭을 할 때, 호조 가문의 창구를 맡았습니다. 이때 인질 시절의 옛정이 큰 도움이 되었을 것입니다.

쓰키야마도노, 이에야스와 결혼하다

인질 시절 겪은 또 하나의 커다란 사건으로는 쓰키야마도노?~1579를 정실로 받아들인 것이 있습니다. 쓰키야마도노는 이마가와 가문의 일족으로 대접을 받는 세키구치 우지즈미(세키구치 지카나가라고도 함)라는 중신의 딸입니다. 물론 정략결혼이지만, 이 혼인으로 이에야스 자신도 이마가와 일족의 일원이 되었습니다. 이를 통해 이마가와 요시모토가 이에야스를 얼마나 높이 평가하고 그의 장래를 기대했는지를 알 수 있습니다.

두 사람 사이에서는 마쓰다이라 노부야스와 가메히메라는 두 아이가 태어납니다. 정략결혼이라고는 하지만 관계가 매우 좋았다는 사실을 알 수 있습니다. 미리 말씀드립니다만 두 사람이 결혼하고 3년 후 오케하자마 전투에서 이마가와 요시모토가 패배하자, 이듬해 이에야스는 이마가와 가문에서 벗어나 자립합니다. 이때 이마가와 가문에 남겨둔 쓰키야마도노와 두 아이를 어떻게 해서라도 데리고 나오려고 고심합니다. 당시 아내의 친정이 적군이 되면 아내는 이혼을 당하고 버려지는 일이 흔했습니다. 이에야스의 어머니 오다이도 그랬습니다. 그러나 이에야스는 아내를 버리지 않았습니다. 물론 아들 노부야스와 딸 가메히메가 있었기 때문이기도 하지만, 이에야스는 무엇보다 가족을 소중하게 생각했습니다. 어머니와 같은 슬픔을 아내가 경험하도록 외면하고 싶지 않았습니다. 저는 이에야스와 쓰키야마도노 두 사람이 그때만 하더라도 마음속 깊이 이어져 있었다고 생각합니다.

인질 시절에 다듬어진 인격

인질 시절의 이에야스는 객장으로서 어느 정도의 대우는 받고 있었습니다. 그러나 고향을 떠나 부모와 떨어진 생활을 해야 했고, 미카와의 가신들은 이마가와 가문을 위해 최전선에서 오다 가문을 상대해야 했습니다.

만약 미카와의 가신들이 이마가와 가문에 반기를 들면 이에야스는 목숨을 잃습니다. 당시 이에야스의 정신 상태를 상상해보면, 항상 죽음을 걱정해야 하는 불안과 긴장감에 시달렸을 것이 분명합니다. 그래서 이에야스가 인내와 참을성을 가진 인격의 소유자로 거듭난 것이 아닌지 추측해 봅니다.

또 이에야스가 이마가와 가문의 인질이 되었을 때, 오다이의 어머니인 게요인1492~1560이 이에야스를 위해 이마가와 가문으로 들어갑니다. 그녀는 이에야스의 생모인 오다이의 어머니였고, 일각에서는 이에야스의 조부인 마쓰다이라 기요야스의 후처라고도 합니다. 일설에 따르면 남편 기요야스가 살해된 뒤 비구니가 되어 '겐오니'라는 이름으로 살고 있었는데, 손자 이에야스가 이마가와 가문의 인질이 되었을 때 그를 돌보기 위해 이마가와 가문에 몸을 의탁했다고 합니다. 이 여성이 이에야스에게 미친 영향은 컸습니다.

이에야스의 여성관을 말할 때, 과부를 좋아하고 연상을 좋아했다는 평가가 뒤따릅니다. 아무래도 이에야스는 조모인 게요인의 헌신적인 사랑을 받고 자랐으니 모성애와 같은 무조건적인 애정을 원했다고 생각합니다. 또한 이에야스는 독실한 정토종 신자였던 게요인의 영향으로 평생 정토종을 신앙했습니다.

도쿠가와 이에야스와 가신단의 결합

이에야스는 이마가와 가문에서의 인질 생활을 겪으며 자신의 가신단과 긴밀하게 가까워집니다. 이에야스가 이마가와 가문으로 떠날 때 가신 사카이 다다쓰구, 이시카와 가즈마사, 도리이 모토타다, 마쓰다이라 야스타다가 동행합니다. 그들은 고난을 함께 극복하여 이에야스의 동지가 되었고, 자신들이 이에야스를 지켜야 한다는 강한 의지를 보였습니다.

동지처럼 지냈으니 의견이 있으면 스스럼없이 진언했습니다. 오쿠보 히코자에몬의 《미카와 이야기三河物語》에 유명한 기록이 있는데, 이 책에는 주군 이에야스를 정중히 모시면서도 당당하게 직언하는 가신들의 모습이 묘사되어 있습니다. 물론 긴장은 했겠으나 주군을 위해 목숨을 바치고 있는 이상, 주군이 잘못되었을 때는 망설이지 않고 의견을 제시했습니다. 이를 보면 이에야스 가신들의 성격을 알 수 있습니다.

한편 오카자키에 남은 이에야스의 가신들도, 이마가와 가문과 오다 가문의 전투가 시작되면 항상 제일 앞에서 싸워야 했습니다. 히라이와 지카요시, 도리이 다다요시, 사카이 다다나오, 혼다 다다자네 등이 최전선에 나섰습니다. 최전선에 서라는 명을 받아도, 주군인 이에야스가 이마가와 가문의 비호를 받고 있으니 항명할 수 없었습니다. 항상 최전선에서 화살받이가 되는 게 평범한 일은 아니었을 겁니다. 실제 전투는 물론이고, 이를 위해 끝없이 준비해야 했으니 숨을 쉴 새도 없었습니다. 이마가와 가문이 열세가 되면 가장 먼저 버려지는 것 역시 최전선의 마쓰다이라 가문 사람들이었습니다. 이들은 혹사

당했고, 쓸모가 없다고 판단되면 언제라도 버려질 수도 있었습니다.

내일이 보이지 않고 미래를 알 수 없는 것보다 힘든 일도 없습니다. 주군은 건재하지만 언제 오카자키 성으로 돌아올지는 아무도 몰랐습니다. 이에야스와 가신들은 그 고난의 시간을 함께했습니다. 이들 사이에는 다른 다이묘들에게서는 볼 수 없는 강한 유대감이 있었습니다. 젊은 날의 이에야스를 지킨 그들이, 훗날 도쿠가와 가신단의 중심이 됩니다.

제4장

도쿠가와 이에야스,
센고쿠 다이묘로 자립하다

오케하자마 전투를 어떻게 볼 것인가

도쿠가와 이에야스가 인질에서 벗어난 계기는, 두말할 바 없이 1560년 오케하자마 전투입니다. 이 전투에서 이마가와 요시모토는 목숨을 잃었고, 승리를 거둔 오다 노부나가는 천하를 얻기 위해 비약하는 첫발을 내딛습니다. 통설에 따르면, 이마가와 요시모토가 40,000명의 대군을 이끌고 오와리를 공격하자 오다 노부나가는 3,000명의 병력으로 우회·기습전법을 구사해 방심하던 이마가와 요시모토를 이겼다고 합니다. 역사에 남을 대승리였다고 합니다. 이 이야기는 메이지 시대에 육군참모본부*가 편찬한 《일본 전쟁사日本戰史》에 기록되어 오랫동안 사실처럼 전해졌습니다.

저는 오케하자마 전투의 양상을 육군참모본부와는 다르게 해석합니다. 실제 싸움이 시작되기 반년 전 오다 노부나가는 이마가와 쪽의

---

* 과거 일본육군에 명령을 내리던 최고기관으로, 1871년부터 1945년까지 존속됐다.

오타카 성을 둘러싸고 와시즈 요새, 마루네 요새와 같은 외성*을 쌓아 수비를 강화했습니다. 그 무렵에 이마가와 요시모토는 오와리에서 핫토리 도모사다, 시바 요시카네, 기라 요시아키 등과 손을 잡고 노부나가를 무너뜨릴 계책을 세웠습니다. 구체적으로는, 핫토리 도모사다가 이마가와 군이 오타카 성으로 들어가는 것을 보고 있다가 오와리에서 1,000척의 배를 끌고나와 오타카 성 밑에 정박합니다. 당시는 해안선이 더 북쪽에 위치해서, 오타카 성 남쪽 바로 앞까지 들어갈 수 있었습니다. 핫토리는 1,000척의 배에 이마가와 가문의 군대를 신고 오와리의 기요스 성으로 향하는 작전을 수립했습니다.

전투 당일 핫토리 도모사다가 1,000척의 배를 제공했다는 사실이, 노부나가의 일대를 다룬 사료《노부나가 공기信長公記》에 기록되어 있습니다. 이런 작전을 세우고 시바 요시카네와 기라 요시아키 등은 이마가와 요시모토에게 출진을 요청했을 것입니다. 이 두 개의 움직임 중 어느 쪽이 먼저였는지 명확하진 않으나 저는 핫토리 도모사다의 계책이 먼저이고 이를 알아챈 노부나가가 이 작전을 역으로 이용해 이마가와 군을 오타카 성으로 유인하려 했다고 생각합니다.

이제까지 오케하자마 전투를 논할 때 핫토리, 시바, 기라 등의 움직임은 주목을 받지 못했습니다. 그러나 그들의 움직임을 고려한다면 노부나가가 궁지에 몰리고 있었던 것이 아니라 오히려 오다 노부나가가 적극적으로 요시모토를 오타카 성으로 유인했다고 해석할 수 있습니다.

---

* 본성과 별도로 바깥에 쌓은 성의 일종을 가리킨다.

오케하자마 전투의 진상眞相

　그래서 오다 노부나가가 대단하다고 생각합니다. 절체절명의 위기 앞에서, 천운에 기대어 역전 승리를 노리며 기습한 게 아니었습니다. 처음부터 이마가와 세력이 오타카 성을 노리고 있다는 사실을 알고 대처한 것입니다. 이마가와 요시모토는 오케하자마 산에 진을 칩니다. 즉 이마가와 요시모토가 노부나가의 계책에 휘둘렸음을 의미합니다. 이마가와 군대가 오케하자마 산에 포진했다는 소식을 듣자, 노부나가는 기요스 성에서 혼자 출격합니다. 적을 기습하는 공격이니, 누구에게도 목적을 말하지 않았고 정보를 흘리지 않았을 것입니다.

　노부나가는 오케하자마 산의 이마가와 본진을 공격하기 시작합니다. 이마가와 세력은 맞받아치려고 했으나 당시 이마가와 가문의 군대가 위치했던 곳은 폭이 좁은 골짜기 지형이었습니다. 그러니 대규모 병력의 이점을 살릴 수가 없었습니다. 또한 노부나가는 당시 약 6m 20cm의 긴 창을 사용했습니다. 이제까지는 그다지 주목받지 않았으나 실상 철포도 사용했을 것이라 추측합니다. 노부나가는 6년 전 무라키토리데 전투村木砦の戦い에서 철포를 적극적으로 사용한 경험이 있습니다. 오케하자마에서 철포를 사용하지 않았을 거라 단정할 수 없습니다. 《노부나가 공기》에도 오케하자마 전투에서의 철포 사용을 유추할 수 있는 단락이 있습니다.

　　"귀에 '덤벼라, 덤벼라!'는 소리가 들렸다. 검은 연기가 피어오르
　　자 마치 물을 뿌린 듯 뒤로 무너졌다."

여기서 검은 연기는 화승총에서 나오는 연기를 말합니다. 즉 노부나가는 긴 창과 철포로 이마가와 군을 쓰러뜨린 셈입니다. 이는 제2장에서 언급한 스페인의 '테르시오' 전술입니다. 여러 사람이 창을 겨누며 빈틈없는 태세를 취해 적의 접근을 방지했습니다.* 그 사이 철포에 탄을 장착한 철포 부대가 앞으로 나와 일제 사격을 합니다. 다시 탄을 장착하는 사이, 긴 창을 든 부대가 앞으로 나와 빈틈없는 태세를 취합니다. 그리고 이를 계속 반복합니다. 폭 10m의 좁은 길에서 이런 공격을 당했으니, 이마가와 군은 속수무책이었을 겁니다.

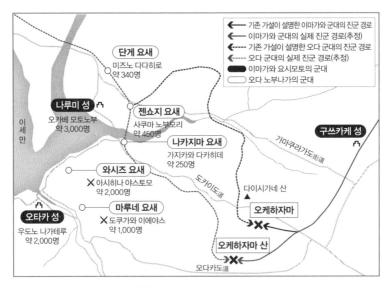

지도5 오케하자마 전투 경로
- 기존 가설이 제시한 경로와 새로 추정되는 경로 비교

---

* 　이를 일본어로 '야리부스마(槍衾, やりぶすま)' 전법이라 부른다.

노부나가가 예수회 선교사에게서 스페인 전술을 배웠다는 등, 엉뚱한 말을 하는 분도 있습니다만 무기상이 철포를 일본에 팔 때 무기 사용법이나 전술을 설명했다고 추론하는 편이 자연스럽습니다. 상인의 입장에서도 마찬가지입니다. 철포는 초고가의 물건입니다. 사용법 정도는 들었을 거라 판단하는 게 상식적입니다. 하물며 노부나가처럼 합리적이고 실용적인 사고의 소유자가, 유럽에서의 최첨단 사용법이나 전술에 관심이 없었을 리가 만무합니다.

이마가와 군도 분명 철포를 가지고 있었습니다. 그러나 이 전투 직전에 큰비가 내렸으므로 화약이 젖어 사용할 수 없었을 것입니다. 오다 군은 전투 직전까지 젠쇼지 요새에 있었기 때문에 무기가 비에 젖지 않았습니다. 이렇게 되니 이마가와 군은 뒤로 물러날 수밖에 없었습니다. 오다 군은 이들을 쫓아 오케하자마 산의 본진까지 밀고 들어갑니다. 그리고 이마가와 요시모토를 죽음에 이르게 합니다. 이것이 오케하자마 전투의 진상입니다.

오해가 빚은 비극

그런데 무슨 이유인지 오케하자마 전투가 "대군을 믿고 방심하며 골짜기에서 쉬고 있는 이마가와 요시모토를 오다 노부나가가 기습공격해 기적적으로 승리했다."라는 이야기로 전승되었습니다. 이는 에도 시대의 역사 인식과 역사관이 얼마나 허술했는지, 오케하자마 전투가 얼마나 근거가 희박한 '설화'로 전승됐는지를 말해줍니다. 앞에서 언급한 육군참모본부의 사관士官들이, 이 설화를 의심 없이 받아들이고 "오다 군 3,000명이 이마가와 군 40,000명을 이기기 위해서는 우회나 기습전법 없이는 불가능했을 것이다."라고 상상을 더해 허황한 이야기로 키웠습니다.

한번이라도 현지 지형을 확인했다면 우회로 따위는 존재하지 않는다는 사실을 알 수 있습니다. 게다가 전국시대의 무장이 계곡 길에서 휴식을 취하는, 이런 위험한 일을 했을 리가 없습니다. 당시의 상식에 부합하지 못한 발상입니다.

오케하자마 전투 자체만 오해했다면 그다지 큰 문제가 아닙니다. 진짜 문제는, 육군참모본부가 만든 《일본 전쟁사》를 당시 육군사관학교와 육군대학교에서 교재로 사용하여 사관들이 '기습'을 선호하게 됐다는 점이었습니다. '기습 신앙'이라 해도 과언이 아닐 정도로, 당시 사관들은 상상을 초월할 정도로 기습 전술을 선호했습니다.

이는 명백한 '손해'입니다. 적이 설치한 '교차사격 진형'*에, 노부나가를 흉내 내는 사관의 명령으로 병사들이 기습공격으로 뛰어듭니다. 당연히 그 결과는 '죽음'뿐이었습니다. 잘못된 역사관이 나라를 참으로 잘못된 방향으로 인도한 사례입니다. 이러한 비극이 오케하자마 전투를 잘못 해석하여 비롯되었다는 사실이 실로 아이러니합니다.

---

* 십자포화라고도 한다. 십자 모양으로 총포를 발사한다는 뜻으로, 하나의 대상을 표적으로 집중 공격하는 전술이다.

미즈노 노부모토의 주선으로 기요스에 가다

오케하자마 전투 후 도쿠가와 이에야스는 오카자키 성으로 복귀합니다. 그러나 이마가와 가문과 바로 결별하지 않고 한동안은 이마가와 진영에 소속되어 오다 노부나가와의 전투를 이어나갑니다. 오케하자마 전투 직후인 1560년 8월에는 미즈노 노부모토가 지키는 가리야 성을 공격하고, 이듬해 1561년 2월에는 역시 미즈노 가문의 영역인 지타 반도를 공격합니다.

그런데 이에야스는 그 모든 전투에서 패배합니다. 철포 장비의 유무가 승패를 갈랐을 것입니다. 당시 미즈노 가문은 오다 노부나가의 세력으로, 철포를 입수하여 구비했습니다. 또한 미즈노 가문은 지타 반도를 중심에 둔 해운업자이기도 했으니, 경제적으로도 유복해 철포를 구입할 자금이 넉넉했습니다. 이와 달리 당시 이에야스는 유복하다고 할 수 없었습니다. 원하는 대로 철포를 구매할 수 없었고, 철포가 있다고 해도 화약과 탄을 구할 수 없었습니다. 이에야스는 미즈노와의 전투에서 두 번이나 패전하며 크게 상심했습니다. 어떻게든 이 사태를 타개해야 한다고 생각할 때, 외삼촌인 미즈노 노부모토에게서 이마가와 가문과 관계를 끊고 오다 가문과 손을 잡으라는 권유를 받습니다. 노부모토는 오다 가문과의 주선을 자청합니다.

이에야스는 1562년 정월에 기요스의 오다 노부나가를 찾아갑니다. 아마 은밀하게 행동했을 겁니다. 탄로나면 슨푸 성에 남아있는 쓰키야마도노와 아이들이 위험에 처하기 때문입니다. 이에야스는 노부나가를 만났고 그 유명한 '기요스 동맹淸須同盟'을 위한 협상을 시작합니다.

이에야스는 왜 기요스 동맹을 맺었을까

이에야스가 노부나가와의 동맹에 응한 이유는 네 가지입니다. 일단 철포와 탄약을 입수할 수 있었기 때문입니다. 노부나가와 동맹을 맺으면 사카이의 상인들과 직접 거래하여 군사 물품을 충족할 수 있습니다. 또한 동맹을 맺으면 미카와 만과 이세 만에서 교역이 가능해집니다. 미카와와 오와리의 토산물을 얻는 해운 루트를 구축하면 많은 부를 손에 넣을 수 있습니다.

추가로, 인질 시절에 만난 오다 노부나가를 존경하고 동경했던 점도 한몫했다고 생각합니다. 당시 이에야스는 6살, 노부나가는 8살 많은 14살이었습니다. 초등학교 1학년에게 중학교 3학년 정도 터울의 '형'이었습니다. 당연히 어린 이에야스는 형인 오다를 동경했을 것입니다. 이런 노부나가가 어느새 오와리를 통일하고, 이마가와 요시모토를 오케하자마 전투에서 무너트렸습니다. 이에야스가 노부나가와 손을 잡고 그의 곁에서 싸우고 싶어 했을 거라 추측해도 이상할 게 없습니다.

마지막으로, 이 무렵 나가오 가게토라(훗날 우에스기 겐신)가 조정 대신 중 최고위직인 간파쿠(關白, 관백) 고노에 사키히사를 앞세워서 간토를 공격한 다음에 호조 가문의 오다와라 성을 포위했습니다. 앞에서도 언급한 바와 같이 이마가와·다케다·호조는 고소슨 삼국동맹을 맺고 있었습니다. 따라서 이마가와 요시모토는 다케다 신겐과 함께 호조 가문의 오다와라를 지켜야 했습니다. 그러니 미카와 지역에서는 이마가와의 영향력이 상대적으로 약해졌고, 이런 점도 이에야스가 기요스 동맹을 맺는 이유 중 하나였을 거라 봅니다.

실제로 이에야스는 기요스 동맹을 맺기 전, 1561년 4월에 이마가와 측의 우시쿠보 성을 공격했습니다. 이후 이마가와 가문의 성을 차례차례 함락하며 미카와 평정을 위한 전투를 개시합니다. 그리고 미카와 지역 일대를 어느 정도 정복한 단계에서, 1562년 1월에 기요스 동맹을 맺습니다. 여기서 이에야스의 주도적인 면모를 엿볼 수 있습니다. 주선자가 있다고 바로 동맹에 응하면 자신의 값어치가 떨어집니다. 미카와 지역을 평정한 다음 동맹을 맺으면 대등한 관계를 수립할 가능성이 높아집니다. 이에야스는 기요스 동맹을 맺는 과정에서 동맹의 성격을 염두에 두었던 것입니다.

미카와 잇코잇키란 무엇인가

기요스 동맹을 맺고 서쪽 오와리를 경계할 필요가 없어진 이에야스는, 1562년에 이마가와 편의 우도노 가문을 공격해 쓰키야마도노와 아이들을 슨푸 성에서 오카자키 성으로 데리고 오는 데에 성공합니다. 그런데 이듬해 가을, 이에야스 생애 최대의 위기 중 하나가 발생합니다. 바로 미카와 잇코잇키입니다.

미카와 잇코잇키란 일향종이라는 정토진종의 문도들이 다이묘의 횡포에 대항해서 일으킨 반란인데, 이에야스의 가신 중에도 잇코잇키 반란군을 지지하는 자가 속출하는 바람에 가신단이 분열되었습니다. 이에야스는 이들을 제압하기 위해 몹시 애를 태웁니다. 훗날 이에야스의 브레인으로 활약하는 혼다 마사노부도 잇코잇키 편에 선 사람 중 하나였습니다.

잇코잇키의 거점이었던 세 개의 정토진종 사찰은 조구지·혼쇼지·쇼만지 사찰인데, 지도6(본문 76쪽)을 보면 재미난 사실을 알 수 있습니다. 모두 미카와 수운의 대동맥이라고 할 수 있는 야하기 강 유역에 있습니다. 이 일대는 해운·수운의 거점입니다. 잇코잇키라고 하면 농민의 모습을 떠올리기 쉬우나 실제 잇코잇키의 주축은 유통업자 혹은 바닷가의 백성들이었습니다.

이세 나가시마의 잇코잇키, 기슈 사이가의 잇코잇키도 농민이 아니라 해운업자가 주축을 구성했습니다. 그들은 유통업자들이라서 자금을 소유하고 있었습니다. 미카와의 잇코잇키도 정토진종의 중심 사찰인 혼간지*에 상납금을 바쳐 신분을 보장받았습니다. 그리고 '혼간지의 문도'라는 연대감을 공유하며, 이세 나가시마·기슈 사이가의 잇코잇키와 유통 경로를 형성할 수 있었습니다.

잇코잇키의 발발 배경에는 종교적인 이유도 있지만 경제적인 이유도 있습니다. 잇코잇키의 배후에 있는 세력들은 서로 유통망을 형성하여 화폐 중심의 경제활동을 전개한 당사자들입니다. 또한 미카와 잇코잇키가 발발한 영역은 '18 마쓰다이라' 가문 사람들이 흩어져 사는 지역이기도 했습니다. 이들은 제3장에서 언급했듯이 마쓰다이라 종가를 따르는 존재였으나 반半은 자립적인 세력이기도 했습니다. 18 마쓰다이라 가문 중에는 잇코잇키 산하에 들어가 경제적인 이득을 획득한 종파가 있었고, 그만큼 잇코잇키는 18 마쓰다이라 가문 각각의 경제적 이해관계와 얽혀 있었습니다.

---

* 정토진종의 중심적 사찰로, 전국시대에는 일대 종교 세력으로 잇코잇키를 조직했다.

미카와 잇코잇키, 일본 중세의 특징을 드러내다

'18 마쓰다이라'와 '미카와 잇코잇키'의 관계가 중세의 자치 촌락인 '소손'처럼 느슨할 때는 문제가 없었습니다. 그런데 전국시대에 이르러 중상주의·중앙집권적인 체제로 변하자 다이묘는 일원지배를 원하게 됩니다. 일원지배란 어느 일정한 지역을 하나의 원리로 지배하는 방식을 의미합니다. 즉 전국시대는 다이묘가 정치·경제·사법을 독점 지배하는 체제로 전환되는 시기였다는 뜻입니다. 일원지배를 관철하기 위해서는 '중세적 자유와 평등'을 깨야 합니다. 여기서 중세적 자유와 평등이란 일개 농민이 본인의 능력으로 무사가 되고, 급기야 센고쿠 다이묘의 지위까지 얻을 수 있었던 시대적 맥락을 가리킵니다. 이러한 중세적 자유와 평등을 제거하기 위해서는, 유통 경로와 장사를 통제하고 소유한 선박에도 세금을 매겨야 합니다. 즉 어떤 분야에서든 다이묘에 준하는 힘이나 재력을 구축할 수 없어서, 영지 내의 누구도 다이묘에 필적하는 힘을 발휘해서는 안 됩니다. 이런 통제에 불만을 느낀 유통업자를 중심으로 민중이 반란을 일으켰는데, 이것이 미카와 잇코잇키의 본질입니다.

따라서 잇코잇키 구성원을 분석하면 농민과 무사가 반씩 모였다든지 상인과 무사가 반씩 모였다든지, 상당히 복잡한 양상이었다는 걸 확인할 수 있습니다. 다이묘인 이에야스를 따르는 사람도 있고, 혼다 마사노부처럼 다이묘에게 저항하고 영지 밖으로 도망쳐 떠돌이 생활을 하는 자도 있었습니다. 모두가 이에야스와 신앙 사이에서 반드시 하나만 선택해야 했습니다.

이에야스의 입장에서는 잇코잇키와의 싸움은 신앙을 둘러싼 항쟁

이기도 했지만 미카와에 잔존한 중세적 요소를 몰아내고 센고쿠 다이묘로서 일원지배 체제를 이룩하기 위한 싸움이기도 했습니다. 왜냐하면 잇코잇키가 거점으로 삼은 사찰 인근은 '다이묘를 비롯한 관료·가신들이 들어갈 수 없는 땅'이 되었기 때문입니다. 다이묘가 들

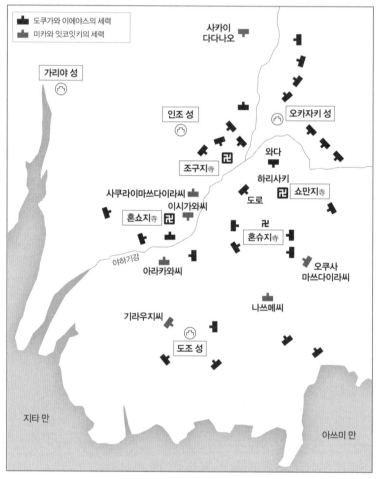

[지도6] **미카와 잇코잇키 발생 당시 세력 지도**

출처: 《역사군상 도쿠가와 이에야스歴史群像 德川家康》(학습연구사学習研究社)

어갈 수도, 세금을 거둘 수도 없는 땅이 된 것입니다. 잇코잇키의 존재를 인정하면 일원지배 체제를 수립하기가 불가능해집니다.

도쿠가와 이에야스, 센고쿠 다이묘로 자립하다

이에야스는 센고쿠 다이묘로 자립한 다음 영지 내 모든 권력을 독점하고 유통 경로를 확보하려 했습니다. 이후 강력한 영향력을 행사하며 전란의 세상을 당당히 살아가고자 했습니다. 반면에 잇코잇키 문도들은 무로마치 막부 시대처럼 중세적 자유와 평등의 기풍을 유지하며 유통 경제를 지배하고 상권을 확보하려 했습니다. 그런 그들에게 이에야스라는 인물은 자신들의 자유를 빼앗는 자에 불과했습니다. 그들은 정토진종이라는 종교를 매개로 연대하며 이에야스에게 저항했습니다.

이에야스는 이 위기를 극복했습니다. 1564년 7월 2일, 이에야스 측이 승리를 거둡니다. 이에야스는 문도들에게 일향종을 버리고 개종할 것을 명합니다. 응하지 않으면 영지 밖으로 추방했습니다. 한편 혼간지 계통 이외의 사찰은 극진하게 대우하여 잇코잇키의 재발을 방지했습니다. 또한 이를 계기로 가신단의 재편도 추진했습니다. 자신을 따르는 자들을 중용하고, 방침을 따르지 않는 자에게는 영지 밖으로 추방하기를 불사했습니다. 이에 따라 가신단 구성원이 교체되었습니다. 동시에 이에야스는 잇코잇키의 영향권에 놓인 유통 경로를 확보하여 미카와의 경제를 장악했습니다. 그 배경에는 기요스 동맹으로 확보한 미카와 만과 이세 만의 교역 루트가 있었습니다.

일반적으로 "이에야스는 이마가와 가문에서 독립해 노부나가와 동맹 관계를 맺고 센고쿠 다이묘로 자립했다."라고 말합니다. 물론 틀린 말은 아닙니다만 이 평가에는 무언가 부족합니다. 기요스 동맹 그리고 잇코잇키와의 싸움을 경험하며 이에야스는 미카와에서 중세적인 풍토를 모두 제거하고 유통 경제를 수중에 얻을 수 있었습니다. 그 결과 자신에게 충성을 맹세하는 강력한 가신단을 편성하는 데에 성공했습니다. 충성스러운 가신단은 이에야스가 센고쿠 다이묘로서 이름을 떨친 힘의 원천이었습니다.

제 **5** 장

다케다 신겐과의 대결

이에야스와 다케다 신겐의 밀약

1566년 12월, 이에야스는 마쓰다이라에서 도쿠가와로 성_姓을 바꾸고 종5위하 미카와노카미_{從五位下·三河守}에 서임 됐습니다. 미카와국_{三河國}을 다스리는 센고쿠 다이묘로서 자타가 공인하는 존재가 되었습니다. 이듬해에는 이에야스의 장남 마쓰다이라 노부야스와 오다 노부나가의 딸 도쿠히메(고토쿠)와의 약혼이 성립됩니다. 기요스 동맹이 점점 더 강고해졌습니다. 같은 해에 미노를 평정한 노부나가는, 이듬해 1568년 9월에 아시카가 요시아키를 무로마치 막부 제15대 쇼군으로 옹립하여 막부 중흥 사업을 시작합니다. 이렇게 되자 노부나가의 모든 의향이나 행동은 막부의 이름으로 정당화됐습니다.

이마가와 가문을 계승한 스루가 지역의 이마가와 우지자네는 오다 노부나가와 오케하자마 전투를 치른 이후 교전 상태를 유지했습니다. 한편 스루가의 북쪽에 위치한 가이(야마나시현)를 지배하는 다케다 신겐과 노부나가는, 1565년에 일찍이 '고비 동맹_{甲尾同盟}'을 맺었습니다. 고_甲는 가이, 비_尾는 오와리를 가리킵니다. 즉 노부나가를 적대하는 우지자네는 막부의 적이고, 노부나가의 동맹자인 도쿠가와 이에 야스와 다케다 신겐에게도 적이 된다는 뜻입니다. 따라서 우지자네를 공격해 영토를 빼앗아도 된다는 대의명분이 성립됐습니다. 원래 다케다 가문과 이마가와 가문은 제4장에서 언급한 것처럼 고소슨 삼국동맹을 맺고 있었는데, 그 동맹이 여기서 파기됩니다.

1568년 11월경이라고 짐작되는데, 이에야스와 다케다 신겐은 이마가와 요시모토를 동쪽과 서쪽에서 협공해 토벌하자는 밀약을 맺습니다. 신겐은 동쪽에서 스루가를 공격하고, 이에야스는 서쪽에서 도토미에 침입한다는 내용이었습니다. 최종적으로 이마가와 가문을 멸문시키고 이마가와 가문의 영토를 둘이서 나누자는 내용이 밀약의 골자였습니다. 이에 관해서는 연구자마다 해석이 다른데, 시즈오카 대학의 혼다 다카시게 명예 교수와 도쿄도립 대학의 마루시마 가즈히로 교수의 연구를 참고해서 서술하겠습니다.

밀약의 치명적 문제

사실 다케다 신겐과 도쿠가와 이에야스의 밀약에는 큰 문제가 있었습니다. 일단, 다케다와 도쿠가와가 이마가와의 영토를 나눈다고 했을 때 경계선을 정하지 않았다는 점입니다. 일설에 따르면 '공격하기 나름切り取り次第'이었다고 합니다. 즉 각자 공격해서 얻은 지역을 영유하자는 것입니다. 이런 방법이 전국시대에는 흔했다고 합니다.

한편 두 사람이 '강'을 경계로 이마가와의 영토를 나누자고 결정했다는 가설도 있습니다. 문제는 '어느 강을 경계로 삼을 것인가?'를 밀약에 명기明記하지 않았다는 점입니다. 이에야스는 오이 강을 생각했고, 신겐은 더 서쪽에 위치한 덴류 강을 생각했습니다.

오이 강은 스루가와 도토미 사이를 흐르는 강이기 때문에 이에야스는 오이 강의 서쪽, 즉 도토미를 마땅히 자신이 영유할 것이라 여겼습니다. 이와 달리 신겐은 경계가 될 강을 애매하게 설정하여 사실상 '공격하기 나름'이라는 식으로 차지할 심산이었습니다. 덴류 강을 경계로 삼겠다고 주장하여 도토미의 동쪽 절반을 차지하려고 생각했습니다.

다케다 신겐의 실책

실제로 이마가와 영토 침공이 시작되자, 다케다 신겐의 의도와는 크게 어긋나는 상황이 발생했습니다. 신겐은 슨푸 성에 쳐들어가면 이마가와 우지자네가 바로 항복할 것이라고 생각했습니다. 그런데 우지자네는 슨푸 성을 버리고 도토미의 가케가와 성으로 몸을 옮깁니다. 더불어 이마가와 가문과의 동맹 관계를 유지하고 있던 호조 가문이, 동쪽에서 스루가 동부의 사쓰타 산까지 군을 끌고 들어갑니다. 이렇게 되니 신겐은 동서로 적을 두는 상당히 불리한 상황에 직면했습니다. 신겐이 우지자네를 놓치지 않았다면, 순식간에 슨푸 성을 장악했을 뿐만 아니라 진군하여 덴류 강까지 자력으로 영토를 차지할 수 있었을 것입니다. 그런데 그의 생각은 빗나가고 말았습니다.

신겐은 스루가를 침공할 당시 부하 아키야마 도라시게에게, 시나노(나가노현)의 이나군에서 덴류 강을 따라 남하해 도토미를 공격하라고 명했습니다. 한편 이에야스는 니시 도토미의 '이이노야 삼인방#伊谷三人衆'이라는 유력한 구니슈를 끌어들이는 데에 성공해 예상보다 훨씬 순조롭게 도토미 정벌을 진행했습니다. 이때 갑자기 다케다의 세력이 북쪽에서 침입했습니다. 그리고 이에야스 휘하의 군세와 몸싸움이 벌어졌습니다. 이에야스는 신겐에게 밀약을 위반하지 말라고 맹렬하게 항의했습니다.

스루가 지역 동쪽에서 호조 가문의 위협을 받는 상황이 되자 다케다 신겐은 이에야스와 싸울 수 없다고 판단했습니다. 이에야스에게 바로 사죄하고, 아키야마 도라시게의 군대를 도토미에서 철수한다고 약속합니다. 한편으로는 이에야스 몰래 오다 노부나가에게 편지를 보내, 이에야스의 행동을 비난하고 적당한 조치를 요구했습니다. 다케다 신겐 입장에서 도쿠가와 이에야스란, 미카와의 일개 구니슈에서 센고쿠 다이묘로 올라선 인물이었습니다. 본인보다 한참 '격'이 떨어지는 존재로 인식했던 것입니다. 신겐의 동맹 상대인 노부나가의 가신이라고 대놓고 말하진 않았어도, 노부나가의 명령으로 행동하는 휘하 무장 정도로 인식했고, 그 정도 위치로 간주했습니다.

그러나 노부나가와 이에야스는, 완전하게 대등하지는 않더라도 엇비슷한 수준에서 각각의 목적을 위해 동맹을 맺었습니다. 그러니 신겐의 항의는 아무런 효과가 없었습니다. 설사 노부나가가 이에야스에게 어떤 말을 했다고 해도, 이에야스는 전혀 들을 생각이 없었을 것입니다.

이에야스, 신겐을 따돌리다

이렇게 되자, 다케다 신겐은 일단 상황을 지켜보았습니다. 이에야스가 가케가와 성의 이마가와 우지자네를 공격해 양측이 피폐해지기를 기대하고 있었을지도 모르겠습니다. '쌍방이 약해졌을 무렵 일망타진해서 무너뜨리고, 이후 노부나가와 새로운 협정을 맺으면 된다. 사태가 이 정도로 심각해져도 상관이 없다'는 전략을 세웠을 것입니다.

이때 이에야스의 처신이 참으로 뛰어났습니다. 이에야스는 가케가와 성의 우지자네와 밀약을 맺어, 성을 열고 퇴거한다면 가신을 포함해 안전을 보장하겠다고 약속합니다. 그리고 그 밀약의 보증을 사쓰타 산에 포진하고 있는 호조 가문 군대에 맡겼고, 호조 가문에는 추가로 우지자네를 설득해달라고 부탁했습니다. 구체적으로 "우지자네가 가케가와 성을 퇴거할 때 호조 가문이 배를 내어 맞이하기 바라며, 호조 가문에서 우지자네를 인수했으면 한다. 이후 스루가가 안정되면 우지자네에게 스루가 지역을 되돌려준다."는 내용이었습니다.

이는 명백하게 다케다 신겐을 적대하는 행위였습니다. 신겐을 적으로 돌리는 밀약을 우지자네와 맺었으니, 이에야스의 배짱이 얼마나 큰지를 알 수 있습니다. 결국 이에야스는 이 조건을 관철시켜 우지자네를 가케가와 성에서 나오게 하는 데에 성공합니다. 이를 알게 된 신겐은 가케가와 성이 열리기 전에 슨푸 성을 떠나 고후로 돌아갑니다, 이대로라면 호조와 도쿠가와에게 협공을 당할 위험이 있었기 때문입니다.

이에야스의 외교 승리

당시 이에야스는 미카와 지역과 도토미의 서쪽 절반을 차지했습니다. 다케다 신겐은 이에야스의 영토와 군세보다 몇 배는 많은 땅과 군대를 소유했습니다. 이에야스는 신겐을 상대로 직접적인 전투를 벌이지 않고 외교전으로 물리친 셈입니다. 이에야스의 외교 승리였던 것입니다. 애초에 이에야스가 목표로 삼은 오이 강까지, 이른바 도토미 전역을 확보했습니다. 이 승리는 이에야스의 생애에서 세 손가락 안에 들 정도로 큰 의미가 있습니다.

이에야스는 외교전에서 신겐을 물리친 이듬해, 1570년 에치고(니가타현)의 우에스기 겐신과 동맹을 맺습니다. 북쪽의 다케다 신겐을 견제하기 위함이었습니다. 이른바 '전후 처리'에도 여념이 없었다는 것을 알 수 있습니다. 이런 외교적 감각은 구니슈나 지방 다이묘들에게서는 찾아볼 수 없습니다. 이마가와 인질 시절에 배운 감각이라고 평가할 수 있습니다.

이러한 외교전에서, 이에야스의 또 다른 강점을 확인할 수 있습니다. 도쿠가와 가문과 다케다 가문이 영토 싸움을 벌이면, 양측 사이에 낀 도토미의 구니슈들은 우왕좌왕합니다. 신겐은 영토 소유를 인정한다는 조건을 내걸고 구니슈들을 자기편으로 끌어들였고, 이에야스도 마찬가지였습니다. 이때 신겐보다 이에야스를 지지하는 구니슈가 더 많았습니다. 아마도 스루가에서 인질 생활을 할 때 이마가와 세력의 구니슈들과 인맥을 쌓았기 때문이 아닐까 싶습니다.

다케다 신겐은 왜 패배했을까

다케다 신겐은 자신의 힘이 압도적일 거라 과신한 탓에 판단을 그르쳤습니다. "상대가 고양이인 줄 알았는데 사실은 호랑이였다."라고 후회했을 것입니다. 1569년의 신겐은 크나큰 실책을 범합니다. 먼저, 스루가 침공 시 우지자네를 놓쳤다는 것이 가장 큰 실책입니다. 다케다와 이마가와의 '고소슨 동맹'은 깨졌지만 호조 가문과의 동맹은 유지되고 있었으니, 스루가를 침공하기 전에 호조 가문에 충분히 작전 계획이나 목적을 설명해야 했습니다. 이마가와를 구하기 위한 군사를 보내지 않겠다는 확답을 받아 내고 협조를 구해야 했습니다. 그러나 신겐은 아무것도 하지 않았습니다. 그리고 무엇보다도 이에야스의 역량을 오해했습니다. 신겐은 강자의 입장에서 스스로를 과신하여, 동맹 상대인 노부나가를 움직이면 이에야스를 통제할 수 있을 거라 여겼습니다. 패배의 굴욕과 교훈을 가슴에 담은 신겐은, 3년 후 미카타가하라 전투에 임하게 됩니다.

한편 도토미 지배를 확실히 다진 이에야스는, 1570년 6월 도토미의 하마마쓰 성 축성을 시작합니다. 그 직후에 노부나가와 연합해서 아네가와 전투姉川の戦い를 승리로 이끌고, 기타오미(시가현)의 아자이 나가마사 · 에치젠(후쿠이현 북동부)의 아사쿠라 요시카게의 연합군을 무너뜨립니다. 전쟁은 격렬했고 쌍방에는 많은 희생자가 나왔지만 도쿠가와 군대는 혁혁한 공을 세우며 승리에 일조했습니다.

'3년의 울분'을 해소한 다케다 신겐

1571년 연말 호조 가문의 당주였던 호조 우지야스의 사망을 계기로, 다케다 신겐은 호조 우지야스의 뒤를 이은 호조 우지마사와 다시 동맹을 맺어 스루가 지역을 확고히 지배합니다. 그리고 1572년 10월에 도토미 침공을 시작합니다. '3년의 울분'을 풀기 위한 출전이었습니다. 외교전 패배의 울분을 풀기 위한 도토미 침공이었습니다.

신겐의 군대는 스루가 방면에서 서쪽으로 진군했습니다. 야마가타 마사카게, 아키야마 도라시게가 이끄는 별동대는 시나노에서 도토미로 남하해 미카와를 침공했고 이후 신겐의 군대와 합류해 도토미의 후타마타 성을 공격했습니다. 후타마타 성을 함락한 다케다 군은 이에야스의 본거지인 하마마쓰 성을 목표로 진군, 마침내 12월 22일에 하마마쓰 성 북쪽에 위치한 미카타가하라에서, 오다와 도쿠가와 연

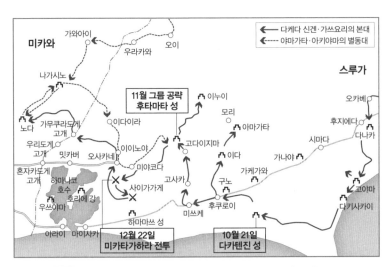

지도7 미카타가하라 전투에서 다케다 가문의 군대가 행군한 경로

출처: 혼다 다카시게本多隆成, 《도쿠가와 이에야스와 다케다 가문川家康と武田氏》(요시카와코분칸吉川弘文館)

합군이 다케다 가문의 군대와 격돌합니다. 이것이 미카타가하라 전투입니다.

이 싸움에서 오다·도쿠가와 연합군이 크게 패합니다. 이에야스 생애에서 가장 잊을 수 없는 패배였을 겁니다. 하마마쓰 성으로 도망가는 도중에 너무 무서운 나머지 이에야스가 말 위에서 대변을 쌌다는 일화까지 남아 있습니다. 사실은 확인할 수 없습니다만.

미카타가하라 전투에서 왜 이에야스가 패배했을까

이에야스는 왜 미카타가하라 전투에서 대패했을까요? 당시 다케다 신겐은 쇼군 아시카가 요시아키와 연락하여, 요시아키를 주축으로 하는 '노부나가 포위망'을 형성했습니다. 1572년에는 요시아키와 그의 후원자였던 노부나가와의 관계는 이미 악화됐습니다. 요시아키는 각지의 다이묘에게 '자신의 힘이 되어달라'고 부탁하는 글을 보냈고, 신겐은 이를 잘 이용해 노부나가 포위망을 만들었습니다. 미카타가하라 전투의 배경에는 쇼군 요시아키와 다케다 신겐, 그리고 오다 노부나가의 외교전이 있었던 겁니다.

에치고의 우에스기 겐신도 무로마치 막부 체제를 중시하는 입장이라, 다케다 신겐이 쇼군 요시아키와 손을 잡고 노부나가를 공격한다면 방해는 하지 않을 사람이었습니다. 그래서 신겐은 다시 이에야스와 대결 구조를 조성했고, 상황에 따라서는 이에야스의 배후에 있는 오다 노부나가와도 대결하도록 상황을 유도했습니다. 실제로 신겐이 노토비들 침공했을 때, 노부나가는 이에야스에게 겨우 3,000명 정도의 원군만 보냈습니다. 노부나가는 본인을 둘러싼 포위망에 대응하기 위해 사방에 군사를 배치해야만 했습니다. 싸움이 시작되기 전에 다케다 신겐이 외교전으로 오다와 이에야스를 열세로 몰아넣은 것이 미카타가하라 전투의 승패를 가른 결정적 요인입니다.

신겐의 빈틈없는 전략·전술

다케다 신겐은 급작스럽게 이에야스를 공략하지 않았습니다. 구체적인 전략·전술을 용의주도하게 준비했습니다. 도토미의 덴류 강 동쪽과 북쪽에 흩어져 있는 성을 차례로 함락한 이후 이에야스를 하마마쓰 성으로 몰아넣는 전투를 전개했습니다. 3년 전의 실패에서 배운 그대로를 적용했습니다. 먼저 외교전에 공을 들인 다음 공격하는 전략입니다. 물론 군대 그 자체도 강력했습니다. 당시 다케다 가문에는 천하제일의 병사로 불리는 숙련된 병사들이 많이 있었습니다.

신겐의 작전도 교묘했습니다. 후타마타 성에서 밑으로 내려와 하마마쓰 성을 공격할 것처럼 위장했다가, 도중에 미카타가하라의 평지로 올라갑니다. 마치 하마나코 호수 북쪽에 위치한 오사카베 성을 공격하기 위해 하마마쓰 성을 그냥 지나치는 것처럼 행세한 것입니다. 다케다 신겐 연구로 저명한 히라야마 유 선생이 최근에 "신겐은 처음부터 하마나코 호수 유통의 거점인 호리에 성 공격을 목표로 했다."라는 연구를 발표했습니다. 호리에 성을 잃으면 하마나코 수운의 지배권을 잃게 됩니다. 이를 좌시할 수 없던 이에야스는 신겐의 대군과 결투를 벌였고, 미카타가하라에서 대패를 당했습니다. 히라야마

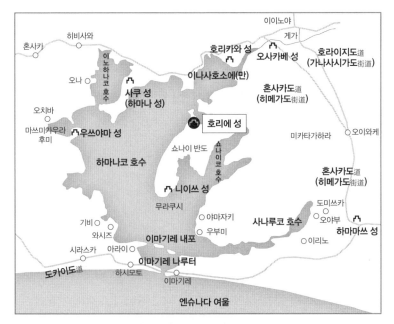

지도8 **호리에 성과 하마나코 호수**

출처: 히라야마 유平山優, 〈엣슈 호리에 성과 다케다 신겐遠州堀江城と武田信玄〉, 《다케다 가문 연구 제65호武田氏研究 第65号》

선생은 이렇게 분석했습니다.

신겐은 스루가 만·다카텐진 성 밑의 하마나코 호수·미카와 만·수운의 거점인 호리에 성을 확보하여 수상 유통로를 지배하고자 했습니다. 초석과 납을 입수하기 위한 보급 경로를 확보하여, 상권뿐만 아니라 군권까지 차지하고자 했습니다. 따라서 호리에 성을 노렸다는 견해는 타당합니다.

단《노부나가 공기》에 "다케다 군이 12월 22일 미카타가하라 전투에서 승리한 후, 다음 작전으로 23일부터 27일에 걸쳐서 호리에 성을 공격했다."라는 기록이 있습니다. 호리에 성 공략이 처음부터 목표였는지는 좀 더 검토할 필요가 있습니다.

이에야스는 하마마쓰 성에서 왜 출격했을까

"다케다 군은 호리에 성으로 향할 것인가? 아니면 히메가도를 지
나 미카와 방면으로 향할 것인가?"

하마마쓰 성에서 농성하던 이에야스는 정확하게 판단할 수 없었지
만 둘 중 하나라는 것은 알고 있었습니다. 이에야스 입장에서는, 이대
로 농성을 계속할 수는 없었습니다. 어떻게 해서라도 다케다 군을 추
격해야 했습니다. 일국을 관장하는 다이묘로서 당연한 판단이었습니
다. 하마마쓰 성에 틀어박혔다고 패배하지 않았을 거라 말할 수는 없
습니다. 이에야스는 도토미를 판도에 넣었을 때, 현지의 구니슈들에
게 어떤 일이 있어도 당신들의 영토를 지키겠다고 약속한 기청문起請
文을 공유했습니다. 기청문은 양자가 계약을 할 때, 신불神佛에게 이를
파기하지 않겠다고 약조하는 맹세의 글입니다. 이토록 엄중한 맹세
를 공유한 도쿠가와 이에야스는 이 약속을 반드시 이행해야 했습니
다. 만약 여기서 지키지 못하면 모든 신뢰를 잃게 됩니다. 이것이 이
에야스가 미카타가하라 전투를 결단한 이유 중 하나입니다.

당시 다이묘들의 세력 다툼이 벌어지고 있는 '경계'에 성을 가지고
있는 구니슈는, 정세에 따라 어느 쪽이든 붙을 수 있었습니다. 일단은
이에야스에 협력하더라도 약속을 이행하지 않으면 다케타 쪽으로 돌

아셨을 겁니다. 이에야스로서는 신겐과 싸우지 않을 도리가 없었습니다.

뒤를 보이고 행군하는 적군

또 하나, 이에야스는 신겐과의 전투에서 이길 거라 판단했습니다. 저는 실제로 자전거를 타고 전투 장소를 취재한 적이 있습니다. 미카타가하라는 길이 상당히 좁습니다. 편도 1차선의 길이 끝없이 이어집니다. 다케다의 군대가 그 좁은 길에서 등을 보이고 진군했습니다. 상식적으로 뒤에서 덮치면 무조건 이길 수 있다고, 이에야스는 그렇게 생각했을 것입니다. 게다가 뒷모습을 보이며 행군하는 적을, 성에 틀어박혀 가만히 보고만 있다면, 전국시대 무장으로 살아갈 자격이 없다고 봐야 합니다. 분명히 '비열하고 겁이 많은 자', '의지가 없는 놈'이라는 말을 듣게 될 것입니다.

뒤에서 습격을 받으면, 다케다 군은 우회하거나 뒤돌아서 도쿠가와 군을 반격할 수밖에 없습니다. 그러나 미카타가하라의 길에는 그런 공간이 없습니다. 이에야스는 10,000여 명의 군사를 이끌고 20,000여 명의 다케다 군을 뒤에서 쫓았습니다. 신겐은 이를 당연하게도 감지하고 있었습니다. 게다가 도쿠가와 군이 어디로 덤벼들 예정인지도 간파했습니다. 이에야스 입장에서 가장 효과적인 공격 시점은 다케다 군대가 미카타가하라의 높은 평지에서 호다 언덕으로 내려가는 도중이었습니다. 신겐은 이를 알고는 언덕 바로 앞에 바바 노부하루와 오야마다 노부시게의 별동대를 대기시켰습니다. 그래서 도쿠가와 군이 적을 추격하려고 하자, 정면에서 포진 중이던 다케다의 별동대로부터 공격을 당했습니다. 이러는 사이에 다케다의 본대도 뒤를 돌아 도쿠가와 군을 공격하기 시작했습니다. 이제 도쿠가와 군에게는 승산이 없었습니다.

다케다 신겐의 죽음

다케다 신겐은 미카타가하라 전투에서 말 그대로 완승했습니다. 그야말로 3년의 울분을 완전히 풀었습니다. 신겐도 외교전에서의 패배를 도저히 참을 수가 없었던 모양입니다. 정말 주도면밀하게 작전을 짜서 싸움에 임했습니다. 물론 군사도 단련시켰을 것입니다. 신겐에게 이 싸움은 생애 최대의 승리였다고 할 수 있습니다. 다케다 신겐이라고 하면 가와나카지마 전투川中島の戦い가 떠오를 겁니다. 북北 시나노의 지배권을 둘러싸고 우에스기 겐신과 가와나카지마에서 수차례 대결한 전투로 유명한데, 신겐이 압승한 전투라 평하기는 어렵습니다. 센고쿠 다이묘로서 다케다 신겐의 하이라이트는 미카타가하라 전투일 것입니다.

이에야스와 신겐을 비교하자면, 세력 차이가 심했습니다. 무력으로 정면 싸움을 걸면 이에야스에게는 승산이 없습니다. 그런데도 1569년의 신겐은 탄탄한 외교력을 구사한 이에야스에게 호되게 당했습니다. 그리고 3년 후 신겐은 온 힘을 다해 이에야스를 완벽하게 무너뜨렸습니다. 그러다 얼마 후 신겐이 병을 얻어 미카와 침공을 중지합니다. 가이로 돌아가는 도중 1573년 4월에 죽음을 맞이합니다.

이에야스는 구사일생으로 살아난 기분이었을 것입니다.

신겐이 병에 걸리지 않았다면 미카와를 확보한 후 노부나가와 대결했을 겁니다. 노부나가는 현실주의자입니다. 만일 신겐이 미카와를 확보했으면, 그가 탐내는 옛 도쿠가와 영토를 모두 넘기는 조건으로 화친을 맺었을 가능성이 큽니다. 그렇게 되면 하마마쓰 성에 고립된 이에야스에게 더는 나설 자리가 없어집니다. 어쩌면 오다 가문 혹은 다케다 가문의 가신으로 편입되어 도쿠가와씨가 멸문했을지도 모릅니다.

이에야스가 미카타가하라 전투에서 배운 것

미카타가하라 전투에서 패전한 덕에 이에야스는 크게 성장했습니다. 1,000명에 달하는 가신을 잃었고 모든 것을 잃은 패전이었지만 이에야스와 그의 가신들은 많은 것을 배웠습니다. 이에야스는 도토미의 다카텐진 성을 둘러싸고 훗날 신겐의 후계자가 된 다케다 가쓰요리와 여러 차례 항쟁을 벌이는데, 이에야스는 인근에 요새 몇 개를 쌓고는 지나치다고 할 정도로 신중하게 행동했습니다. 반드시 이길 수 있는 상황을 조성한 다음에야 전쟁을 시작했습니다. 다케다 군을 그만큼 경계했던 것입니다.

이와 동시에 이에야스의 머릿속에는 항상 '어떻게 다케다 군을 이길 수 있을까'로 가득했습니다. 3년 후 나가시노 전투에서 다케다 가문을 이기고 나서야 비로소 미카타가하라의 울분을 풀 수 있었습니다.

그 외에도, 이에야스는 신겐이라는 위대한 무장에게서 많은 것을 배웠습니다. 전투하는 법, 가신을 다스리는 법은 물론이고 영토 통치 방법도 신겐의 방식을 모방합니다. 훗날 에도 막부를 세운 이에야스는 다케다 신겐이 도입한 하천 개수 정책, 토목공사, 금을 기본으로 삼는 화폐 제도 등을 자신의 방식으로 활용해 정책에 적용합니다.

이에야스가 재기할 수 있었던 이유들

이에야스는 이마가와 가문 인질 시절에 '관찰력'을 키운 덕에 타인에게서 많은 장점을 배웠습니다. 또한 '염리예토 흔구정토'라는 목표를 추구했기 때문에 유연한 사고방식을 갖췄습니다. 제1장에서 서술한 것처럼 현세를 극락정토로 만들겠다는 목표는 엄청나게 장대합니다. 사람은 작은 목표를 추구할수록 이해타산에 민감하게 반응하지만 큰 꿈을 추구하면 작은 일에 구애받지 않고 유동적으로 사고하게 됩니다. 크게 패배했다고 하더라도 다시 이기면 그만입니다. 생존만으로도 다행이라고, 이에야스는 그렇게 생각하며 시련을 극복할 수 있는 사람이었습니다.

한편, 여러 가신이 이에야스를 지켜준 덕분에 미카타가하라에서 이에야스가 생존했습니다. 이에야스는 가신단 덕분에 '살았다'고 안심했을 겁니다. 그리고 '염리예토 흔구정토'를 달성하라고, 신불께서 자신을 살려주신 거라는 감회도 느꼈을 겁니다. 죽음 앞에서 살아나는 체험을 하면 사람들은 종종 이런 운명론적인 생각에 끌리게 됩니다.

이에야스는 오케하자마 전투에서 크게 패하고 돌아온 후 오카자키의 다이슈지 사찰 내 조상 묘 앞에서 배를 가르고 죽으려고 했습니다. 이때 다이슈지 사찰의 고승인 도요가 이에야스에게 '염리예토 흔구정토'의 가르침을 설파했고, 덕분에 이에야스가 죽음을 단념했다는 이야기가 전해집니다. 훗날 이에야스는 고승의 가르침을 군기에 적어 내겁니다. 제1장에서 언급한 것처럼 그 글귀를 적은 시점은 미카타가하라 전투 직전부터였다고 생각합니다.

　　'염리예토 흔구정토'라는 글귀를 보면, 이에야스는 다이슈지 사찰에서 죽음을 각오한 순간을 항상 기억했을 것임을 알 수 있습니다. 과거의 본인은 죽고 없다는 식으로 생각하면, 어떤 일이든 해낼 수 있습니다. 이런 각오가 있었기에 미카타가하라에서 대패했음에도 불구하고 힘차게 다시 일어섰던 것입니다.

제**6**장

도쿠가와 이에야스의
역습

나가시노 전투의 전초전

제5장에서 언급한 것처럼 1572년 12월 22일 미카타가하라 전투에서 도쿠가와 이에야스는 다케다 신겐에게 크게 패배합니다. 그런데 이듬해 4월 12일 신겐은 병으로 세상을 떠납니다. 이때 기나이에서는, 신겐을 따르며 마키시마 성에서 농성하던 아시카가 요시아키가 오다 노부나가에게 항복합니다. 이에 쇼군 요시아키를 이용해 노부나가 포위망을 구축한 다케다 가문의 계획은 실패했습니다. 다케다 가문과 주변 다이묘들과의 교류도 여기서 일단 끊깁니다.

이에야스는 즉시 북쪽에 있는 다케다 군대의 침공을 대비하기 위해, 9월 10일 나가시노 성을 탈환합니다. 나가시노 성은 미카와 동부에 위치합니다. 간사 강(도요 강)과 오노 강(우레 강)의 합류 지점에 깎아 세운 듯한 절벽이 있는데, 거기에 세워진 천연의 요충지입니다. 그런데 그 이듬해인 1574년 6월 17일에 도토미의 다카텐진 성을 다케다 측에 빼앗기고 맙니다. 다카텐진 성은 오이 강과 덴류 강 중간 지점에 있는데, 북쪽으로는 도카이도가 지나고 그 위로 가케가와 성이

있습니다. 도카이도 교통을 감시할 수 있는 위치입니다. 또한 다카텐진 성의 남쪽 바로 앞에는 엔슈나다 여울이 들어와 있었습니다. 이 바다는 대단히 중요합니다. 현재는 매립된 그곳이 당시에는 '하마노우라'라고 불렸는데, 구니야스노 미나토國安の湊라는 항구가 있어서 수군의 거점으로 쓰였습니다. 다케다 쪽 사람들은 구니야스노 미나토를 다카텐진 성의 물자 보급지로 이용하고 있었습니다.

당시 스루가에서 오마에자키 곶을 돌아 미카와 만이나 이세 만으로 들어가는 태평양 해운 경로를 고려할 때, 구니야스노 미나토는 매우 중요한 거점이었습니다. 오마에자키 앞바다를 항해하기란 사실 상당히 어려웠습니다. 흑조*가 흐르는 탓에 해류의 반대 방향을 타서는 난바다(육지에서 멀리 떨어진 바다)로 향할 수가 없었습니다. 그래서 육지에 달라붙어 해안을 따라 나아가는 항법地乗り航法을 이용해야 했습니다. 거기다 뱃사람에게 오마에자키를 지나 휴식을 취할 수 있는 안전한 항구는 구니야스노 미나토 외에는 달리 없었습니다. 이토록 중요한 항구를 장악하기 위해서는 다카텐진 성을 확보해야 했습니다. 그래서 다카텐진 성은 다케다와 도쿠가와 양쪽 모두에게 중요한 거점이었습니다.

---

* (옮) 필리핀 동쪽 해역에서 발원하여 대만의 동쪽, 일본의 남쪽을 거쳐 북위 35도 부근에서 동쪽으로 굽어 흐르는 해류. 북적도 해류에 근원을 두고 있는 난류이며, 산소나 영양 염류가 적기 때문에 미생물이 적어 투명한 푸른색을 띤다. 멕시코 만류와 함께 세계에서 대표적인 난류이다.

침공을 대비하는 이에야스의 자세

다카텐진 성을 탈취한 다케다 가문은 도토미의 덴류 강 동쪽 지역을 확보했습니다. 여기서 나가시노 성까지 탈환하면, 다케다는 북쪽과 동쪽에서 이에야스를 압박할 수 있었습니다. 아마 다케다 가쓰요리는 그렇게 생각했을 것입니다. 이 작전은 미카타가하라 전투 때 신겐이 계획한 전략입니다. 신겐이 실현하지 못한 전략을 아들인 가쓰요리가 실행하려고 한 셈입니다.

이에야스는 가쓰요리의 이런 노림수를 알아차리고, 1573년경부터 오쿠다이라 노부마사를 영입해 수비가 허술했던 나가시노 성 북쪽에 커다란 빈 해자를 이중으로 파는 등 수비를 강화했습니다. 오쿠다이라 노부마사는 오쿠미카와 삼인방奧三河三人衆으로 불린 유력 구니슈 중 한 사람입니다. 그는 이에야스를 배반하고 다케다 쪽으로 붙었는데, 이에야스의 딸 가메히메와의 약혼을 조건으로 다시 도쿠가와 쪽에 귀속했습니다. 이런 오쿠다이라 노부마사에게 나가시노 성을 맡긴다는 건 오쿠미카와의 구니슈 모두가 도쿠가와의 편으로 귀속했다는 사실을 의미합니다.

이에야스는 이토록 만반의 준비를 갖추고 다케다 군의 내습을 대비했습니다. 당시 이에야스는 매사냥을 자주 나갔다는 기록이 있는데, 이는 나가시노에서 시타라가하라에 걸친 지형을 몰래 관찰하기 위한 정찰 행동이었을 것으로 추정합니다.

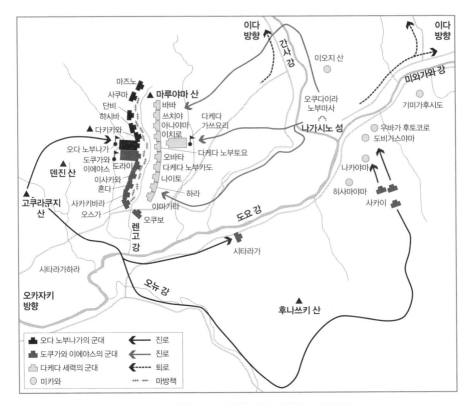

지도9 나가시노 전투 당시 양측 군대의 포진 형태

이에야스의 '후방 부대 결전'

이윽고 다케다 군이 남쪽으로 내려와 나가시노 성으로 향했다는 소식이 도쿠가와에게 전해집니다. 나가시노 성에서 북쪽으로 600m 정도 떨어진 곳에 이오지 산이 있는데, 나가시노 성을 내려다보는 위치에 있습니다. 다케다 군이 여기로 진출했습니다. 이때의 군세는 15,000명 정도였다고 전해집니다.

이에야스는 다케다 군을 어떻게 이길 것인지 주도면밀하게 연구하고 전략을 세웠습니다. 이때 사용한 것이 '후방 부대* 결전後詰め決戰'이라는 전략입니다. 나가시노 성에서 적의 공격을 막고 있는 사이에, 뒤에서 공격할 군세를 몰래 보내 적의 본대를 섬멸하는 전법입니다. 나가시노 성을 미끼로 이용하는 수법인데, 이런 전략은 전국시대 역사에서 흔히 쓰일 만큼 유효한 전법이었습니다.

후방 부대 결전을 성공하기 위해서는 이오지 산에 포진한 다케다 가문의 본대가 간사 강을 건너 시타라가하라로 나와야 했습니다. 간사 강은 넓진 않으나 바위가 많고 수심이 깊은 강입니다. 다케다 군은 이 강에 다리를 놓고 건널 수는 있으나 건넌 이후에는 되돌아갈 수가 없었습니다. 즉 다케다 군은 이기지 않으면 살아남을 방도가 없었습니다. 반대로 이에야스의 입장에서는 다케다 군이 간사 강을 건너기만 하면 이길 확률이 높아질 거라 여겼습니다.

이에야스가 준비한 전략

이에야스는 다케다 군을 꾀어낼 궁리를 하고, 외교 작전을 전개했습니다. 그중 하나로 거짓 정보를 흘리는 작전이 있습니다. 나가시노 전투는 오다 노부나가가 다케다 가쓰요리를 이긴 싸움이라고 하는데, 실상은 아닙니다. 노부나가는 결전이 벌어진 5월 21일, 싸움의 추세가 결정될 때까지 전쟁터에서 서쪽으로 2km 정도 떨어진 사찰에

---

* 선진의 원군으로, 적을 뒤에서 공격하는 부대이다.

머물고 있었습니다. 이유는 '이에야스는 필사적으로 노부나가에게 원군을 요구했지만 노부나가는 오지 않았고 겨우 5,000의 원군만 보냈다'는 연막작전을 펼치고 있었기 때문입니다.

도쿠가와 군은 이에야스의 병사 8,000명과 오다의 원군 5,000명, 모두 합해 약 13,000명 밖에 없었습니다. 그 병사들로 마방책馬防柵*을 만들고, 그 안에서 어떻게 해서라도 적을 막겠다는 태세를 취하고 있었습니다. 마방책은 한자 그대로 기마대의 공격을 막기 위한 울타리입니다. 끈을 이용해 통나무를 겹겹이 엮어서 만든 울타리인데, 그 틈새마다 철포나 화살 공격이 가능했습니다. 다케다 가문의 기마부대에 대항하기 위해 노부나가가 고안했다고 합니다.

여하튼 이길 자신이 있는 부대라면 울타리 안에서 방어만 하지는 않을 것입니다. 마방책이라는 속임수를 마련했으니, 남들 눈에는 울타리 안에서 적을 막으며 노부나가가 오기만 기다리고 있다고 보일 법했습니다.

노부나가와 이에야스는, 나가시노에 출진하기 전에 오카자키 성에서 사전 논의를 했습니다. 이때 이에야스는 이 작전을 노부나가에게 전하고, 일부러 전쟁터 서쪽에 본대를 숨기고 있으라고 부탁했습니다. 다케다 가문 입장에서는, 노부나가의 본대가 도착하지 않은 순간이야말로 도쿠가와 가문을 제압할 절호의 기회라 생각하는 게 당연했습니다. 노부나가가 오기 전에 완전히 끝내기로 결심했을 것입니다.

---

* 적군의 기마대의 진행을 방해하기 위해서 설치한 고정의 울타리이다.

퇴로가 막힌 다케다 군

마방책은 높이 2m 정도의 높은 지대에 쌓았습니다. 다케다 군이 동쪽의 고지대에 진을 치자 양자의 거리는 겨우 2~3m 정도에 불과했습니다. 북쪽 마루야마 산이라는 언덕에는 노부나가의 가신 사쿠마 노부모리의 군세가 배치되었습니다.

그런데 사쿠마 노부모리가 다케다에게 내통하는 글을 보냅니다. 당시 전투의 형세를 고려할 때, 마루야마 산은 적진 한가운데에 방치되어 있습니다. 이는 노부나가가 사쿠마 노부모리에게 죽음을 각오하라는 명령을 내린 것과 다를 바가 없었습니다. 이에 사쿠마가 "어차피 죽을 것이라면 다케다 쪽에 붙겠다."라는 내용의 글을 다케다 가쓰요리에게 전했다는 기록이 남아있습니다. 그러나 이 또한 다케다를 속이기 위한 계책이었습니다.

다케다 쪽에도 전술 능력이 뛰어난 무사가 있어서 이런 유혹에 빠지면 안 된다고 가쓰요리에게 충고했습니다. 그러나 가쓰요리의 측근들은 공을 세워야 한다는 조바심을 느꼈습니다. 그들은 이 전쟁에서 공을 세우지 못하면 가쓰요리가 신겐의 정통 후계자임을 인정받지 못할 것이라는 이유로 결투를 강행하기로 결정합니다. 그리고 다케다 군은 시타라가하라로 출전합니다.

이에야스의 복수

다케다 군의 출전을 확인한 이에야스는 5월 20일 밤, 중신 사카이 나나쓰구 등에 나게나 측의 노비가스야마 성채를 습격하라고 지시합니다. 사카이 다다쓰구는 도비가스야마 성채를 함락하고 나가시노 성으로 향합니다. 그리고 포위하고 있던 다케다 군을 쫓아냅니다. 이렇게 되자, 간사 강을 건너 서쪽으로 출격하던 다케다 군의 퇴로가 완전히 막혀버렸습니다. 이에야스의 전략이 훌륭하게 성공한 셈입니다. 다케다 군을 시타라가하라로 꾀어낸 덕에 나가시노 전투에서 승리를 거둘 수 있었습니다.

나가시노 전투라고 하면, 다들 철포를 대량 동원한 노부나가의 천재적인 전략만 이야기합니다. 그러나 전쟁이 시작되기 전에 이에야스가 세운 책략도 주목해야 합니다. 이에야스는 2년에 가까운 시간을 들여서 이 책략을 세웠습니다. 그리고 완벽하게 가쓰요리를 함정에 빠뜨렸습니다. 미카타가하라 전투에서 다케다 신겐에게 패배했던 이에야스는 나가시노 전투에서 가쓰요리를 상대로 승리하며 패전의 설욕을 10배로 되갚았습니다.

오전 8시, 전투 개시

5월 21일 오전 8시쯤에 전투가 시작되었습니다. 마방책 뒤로 오다 군과 도쿠가와 군이 줄을 섭니다. 북쪽에 오다 군, 남쪽의 조금 낮은 절벽 위에 도쿠가와 군이 진을 쳤습니다. 따라서 다케다 군은 공격하기 쉬운 도쿠가와 군을 일거에 돌파하려고 했습니다. 도쿠가와 군은 몸을 숨기기 위해 마련한 마방책 앞 참호에서, 다케다 군을 향해 사격했습니다. 적이 다가오면 마방책 뒤로 숨었다가 다시 일제사격하기를 반복했습니다.

이렇게 다케다 군을 막고 있는 사이, 노부나가 본대가 때에 맞춰 전선에 모습을 드러냈습니다. 바람에 흔들리는 오다의 군기와 함께 약 30,000명이나 되는 오다의 본대가 등장한 것입니다. 이를 본 순간, 가쓰요리는 함정에 빠졌다는 사실을 깨달았습니다. 이제는 승산이 없었습니다. 바로 퇴각을 결정한 가쓰요리는 전선에서 병사들이 싸우고 있는 사이에 호위 기마무사馬廻衆의 도움을 받으며 간사 강 서안으로 북상해 신나노로 무사히 달아났습니다.

이 전투가 최종적으로 끝난 시점은 오후 2시경으로 알려져 있습니다. 일설에 따르면, 다케다 군의 희생자는 약 10,000명에 달한다고 합니다.

나가시노에서 사라진 탄알은 어디로 갔을까

나가시노 전투에서 오다·도쿠가와 연합군은 대략 3,000정의 철포를 사용했다고 합니다. 한 사람당 300발의 탄을 쐈다면, 90만 발의 탄환이 난무했다고 계산할 수 있습니다. 화승총의 탄 중 '산몬케단三匁彈'이라는 표준 탄은 하나당 약 11.3g의 무게가 나갑니다. 따라서 합계 10.17t, 약 10t의 납이 사용된 셈입니다. 그중 1/3이 적을 맞추었다고 가정하면, 다케다 가문의 군사 15,000명에게 약 30만 발의 탄환을 발사한 셈입니다. 즉 다케다 군 한 사람당 20발이나 되는 탄을 맞았다는 뜻입니다. 그런데 무슨 일인지, 나가시노의 옛 전쟁터에서는 전투 당시에 사용되었을 탄이 별로 발견되지 않았습니다.

과거에는 전쟁이 끝나면 지역 주민들에게 전쟁의 뒤처리를 맡겼습니다. 시체 청소는 역병을 방지하기 위해, 그리고 공양을 위해 맡긴 업무였습니다. 그 보답으로 시체에서 획득한 물품을 모두 자유롭게 가져가도록 허락했습니다. 시체에서는 아마 탄이 나왔을 것입니다. 게다가 철포의 탄환을 찾으면, 하나당 몇 푼으로 구매하려는 사람들도 있었을 겁니다. 왜냐하면 탄을 모아 녹인 후 다시 주조해 다음 전쟁을 대비해야 했기 때문입니다.

예전에 육상 자위대 간부와 대화할 기회가 생겨 이 주제로 이야기를 나눈 적이 있습니다. 그는 지금도 사정은 비슷하다고 말했습니다. 연습장에서 실탄으로 연습했을 때는 '약협藥莢'을 모두 회수한다고 합니다. 약협은 총포 탄환의 화약을 넣은 녹쇠의 작은 통입니다. 실탄을 착복한 대원이 없는지 확인하기 위해서, 그리고 금속으로 재활용하기 위해서 약협을 전부 회수하여 발사한 실탄 수와 비교한다고 합니다.

납 동위체로 알 수 있는 것

납탄은 두말할 필요도 없이 귀중하기에 회수해야 했습니다. 철포 수요가 늘어나면 납 수요도 증가합니다. 또한 은을 정제하는 과정에도 납이 필요했습니다. 당시는 '하이후키호灰吹き法'라는 회취법을 사용했습니다. 회취법은 금이나 은 등의 희귀금속을 납에 녹여 합금을 만든 다음, 그것을 가열하여 산화된 납은 제거하고 금이나 은을 꺼내는 정제 방법입니다.

제2장에서 전국시대는 실버러시의 시대였다고 말했습니다. 대량

의 은을 정제하기 위해서는 대량의 납도 필요했습니다. 그런데 일본에서는 센고쿠 다이묘들의 수요를 충족할 만큼 납이 산출되지 않았습니다. 어디서 납을 입수했는지 오랫동안 수수께끼였는데, 최근 벳푸 대학에서 분석화학을 전공한 히라오 요시미쓰 전 교수, 역사학을 전공한 이누마 겐지 교수 연구팀이 이 의문을 해소하는 성과를 발표했습니다. 그들은 금속 유물에 함유된 납의 '동위체'라고 불리는 요소를 분석하고, 그 비율에서 납의 생산지를 추적했습니다. 나아가 문헌 사료를 이용해 교차 검증까지 진행했습니다.

'동위체'란 원자핵* 중 양자의 수는 같으나 중성자의 수가 다른 원자의 종류로, 같은 납이라도 산출지에 따라 동위체의 비율이 다릅니다. 반대로 같은 산지 같은 광물에서 채굴되는 납은 아주 비슷한 비율을 나타냅니다.

납 공급자로서의 예수회 선교사

20년이 넘는 세월 동안 연구 기술이 발전하자, 납 동위체 비율 분석을 통해 어느 나라의 어느 광산에서 산출됐는지를 알 수 있게 되었습니다. 원래 이 연구의 분석 대상은 거울이나 동탁銅鐸** 등의 고고 유물이었는데 시간이 흐르며 전국시대의 화승총 탄환도 분석 대상이 되었습니다. 그리고 이 납의 대부분이 송토 광산의 광석에서 추출한

---

* 원자의 중심부를 이루는 입자. 양자와 중성자가 강한 핵력으로 결합한 것으로 원자의 대부분을 차지하며 양(陽)의 전하를 띤다. 크기는 원자의 1/10,000 정도지만 질량은 원자 질량의 99% 이상이다.

** 야요이 시대(기원전 3세기부터 기원후 3세기)의 청동 방울로 제사 등에 사용되었다.

것임을 밝혔습니다. 송토 광산은 태국 수도 방콕의 북서쪽에 위치한, 세계에서도 굴지의 규모를 자랑하는 최고의 광산입니다. 약 2,500년의 역사를 지닌, 세계에서 가장 오래된 광산이라고 합니다.

이 연구에 따라 전국시대를 크게 뒤흔든 납 공급망이 마침내 규명되었습니다. 납은 스페인과 포르투갈 그리고 영국 등의 상인들이 일본으로 운반했는데, 어디에 얼마나 팔 것인지를 결정한 사람은 포르투갈 출신 예수회 선교사이자 일본 포교의 책임자였던 프란시스쿠 카브랄Francisco Cabral이었습니다.

즉 일본 내의 납 공급망을 지배한 집단은 예수회였습니다. 남만 무역이 예수회와 밀접했고, 그들의 통제를 받았다는 사실은 앞서 언급했습니다. 일본 상인과 다이묘도 예수회를 통하지 않으면 납을 거래할 수 없었습니다. 노부나가와 그 동맹자인 이에야스는 예수회를 이용해 납과 화약의 원료가 되는 초석을 대량으로 수입하는 루트를 1575년까지 장악했습니다. 그들은 이런 공급망을 확보했기 때문에 천하통일을 이룩할 수 있었던 것입니다.

이에야스에게 영향을 미친 키 맨Key man

여기서 잠시, 당시의 이에야스를 이해하기 위해 '키 맨'이라고 할 수 있는 인물을 알아보겠습니다. 키 맨이란 문제 해결 과정이나 의사 결정 과정에서 핵심적 역할을 수행한 사람을 가리키는데, 이에야스의 외삼촌이 바로 그런 사람이었습니다. 이에야스의 어머니, 오다이의 오빠 미즈노 노부모토입니다.

미즈노 가문은 지타 반도 주변을 지배하는 일족인데, 노부모토의 아버지 미즈노 다다마사는 미카와 지역에 있는 오가와 성의 성주였습니다. 일족은 가리야, 오타카, 도코나메 등에 흩어져 살았습니다. 미즈노 가문은 마쓰다이라 가문과 마찬가지로 이마가와 가문의 산하에 있었으나 이에야스 탄생 이듬해인 1543년, 미즈노 노부모토가 후계를 잇자 오다 쪽으로 붙습니다. 그래서 여동생 오다이는 마쓰다이라 히로타다에게 이혼을 당합니다. 이 이야기는 이미 제3장에서 언급했습니다.

오다 가문을 배후에 둔 노부모토는 지타 반도를 통일하기 위한 전투를 시작합니다. 오다 노부나가의 첫 출진은, 1547년 기라·오하마 전투吉良·大浜の戦い였다고 알려져 있습니다. 이곳은 미즈노의 영토였으니 아마도 미즈노 노부모토를 돕기 위한 원군으로서 출병했다고 예상합니다. 이후 이마가와 쪽이 우세해지자, 오다와 이마가와 사이에서 고민하던 노부모토는 일단 이마가와 가문 산하로 귀속합니다. 그런데 1553년 오타카 성과 구쓰카케 성을 이마가와에게 빼앗기자, 노부모토는 다시 돌아와 오다를 섬깁니다.

1554년 이마가와 요시모토는 미즈노 노부모토를 멸망시키기 위해 오가와 성 바로 북쪽에 무라키 요새를 쌓습니다. 이에 노부모토는 오다 노부나가에게 원군을 부탁합니다. 노부나가는 즉시 달려왔고, 노부모토와 협력해 무라키토리데 전투에서 승리를 거둡니다.

이에야스와 노부모토의 미묘한 관계

이에야스와 미즈노 노부모토는 각각 이마가와 가문, 오다 가문에 귀속되어 있었습니다. 따라서 오카자키 성의 이에야스와 미즈노 노부모토는 오다와 이마가와 가문 간의 대리전쟁처럼 오와리 남부와 니시미카와에서 소규모 충돌을 반복했습니다. 그리고 1560년 오케하자마 전투에서 오다가 크게 승리하자, 노부모토는 당시 오타카 성에 머물던 이에야스에게 달려가 이마가와 요시모토의 죽음을 알리고 무사히 달아날 수 있도록 돕습니다.

이미 제4장에서 언급한 것처럼 노부모토는 이에야스를 설득해 1562년에 노부나가와 기요스 동맹을 맺도록 주선합니다. 이때 노부모토의 동생 미즈노 다다시게와 사촌 미즈노 기요히사가 노부모토를 떠나 이에야스 측으로 달려갔다고 합니다. 친인척인 노부모토보다 이에야스가 더 장래성이 있다고 판단하고 이에야스에게 붙은 것입니다.

이에야스의 외삼촌이었으며 오다 노부나가와 이에야스 사이에서 중개자 노릇을 한 노부모토는, 이에야스에게 나름 입김을 불어 넣을 수 있었던 것 같습니다. 그러나 두 사람 사이에도 역시 미묘한 갈등이 있었습니다.

미즈노 노부모토의 최후

1572년 미카타가하라 전투 때, 미즈노 노부모토는 오다 쪽에 원군을 요청해 하마마쓰 성의 이에야스를 도왔습니다. 그로부터 3년 후,

나가시노 전투의 다음 해에 사건이 발생합니다. 미즈노 노부모토가 다케다 가문이 관할하는 미노 지역 이와무라 성의 성주, 아키야마 도라시게에게 군량을 보냈다는 의혹이 불거집니다. 노부모토를 중상모략한 사람은 오다 노부나가의 가신 사쿠마 노부모리였습니다.

만약 진실로 노부모토가 아키야마 도라시게에게 군량을 보냈다면, 이는 노부모토가 다케다 가문과 내통했다는 뜻입니다. 노부나가는 이에야스에게 노부모토를 처형하라고 명령합니다. 이에야스는 오카자키 성 밑에 있는 다이슈지 사찰에서 노부모토를 처형합니다. 어머니 오다이의 재혼 상대였던 히사마쓰 도시카쓰는, 노부모토 처형에 분노하고 이에야스에게서 도망쳐 행방이 묘연해집니다. 이를 계기로 오다이와 그 아이들은 모두 이에야스가 보호하게 됩니다.

지타 반도를 영지로 둔 미즈노 노부모토는, 이에야스와 오다 노부나가의 중개자였습니다. 하지만 이 시점에서 이에야스는 센고쿠 다이묘로 자립했고, 노부나가의 통일 사업을 지원하는 탁월한 동맹자로 성장했습니다. 즉 이에야스에게 노부모토는 지타 반도라는 해양 교역의 요지를 차지하고 있으나 별 볼 일이 없는 존재였습니다. 그러니 노부나가에게 노부모토는 눈엣가시와 같은 존재였는지도 모릅니다. 물론 외삼촌을 죽이면 일족의 원한이라는 후유증이 남으니 적극적으로 죽일 수는 없었겠지만 노부나가의 명을 거역할 수도 없거니와 다케다 가문과 내통한 혐의가 있던 노부모토를 변호할 수도 없었습니다.

이에야스의 여인: 할머니와 어머니

이에야스의 외가인 미즈노 가문을 언급했으니, 이에야스에게 큰 영향을 미친 여성들을 설명하며 제6장을 마무리하겠습니다. 먼저 이에야스의 외할머니인 게요인입니다. 미즈노 노부모토의 아버지인 다다마사의 아내이자 오다이와 다다시게의 생모입니다. 훗날 미즈노 가문과 마쓰다이라 가문의 동맹을 위해 이에야스의 할아버지 마쓰다이라 기요야스와 재혼했다고 하는데, 연령대가 맞지 않아 이를 부정하는 연구자도 있습니다. 이미 제3장에서 언급했듯이 이마가와 가문의 인질이 된 이에야스를 따라 이마가와 가문에 몸을 의지하고 8년간 외손자 이에야스를 돌봅니다. 이에야스에게 정토종을 가르치고, 그의 정신적 버팀목이 된 여성이었습니다.

다음은 어머니 오다이입니다. 출가 후에는 덴즈인이라고 불렸습니다. 오가와 성의 미즈노 가문에서 태어났고, 1541년에 마쓰다이라 히로타다와 결혼했으며 이듬해에 아들 이에야스를 낳았습니다. 그런데 오빠 노부모토가 오다 쪽에 붙었기 때문에 이혼을 당합니다. 아쿠이 성의 성주 히사마쓰 도시카쓰와 재혼한 것은 1548년의 일입니다. 히사마쓰 도시카쓰와는 세 명의 아들과 딸들을 얻었습니다. 오케하자마 전투 후 도시카쓰는 이에야스를 따랐고, 그의 가족 전원 이에야스 밑으로 편입됐습니다. 여기서도 이에야스의 인품과 성정을 알 수 있습니다. 어렸을 때 헤어진 어머니와 그 재혼 상대 그리고 이부형제들, 그들을 모두 품었습니다. 보통은 다른 집안에서 돌볼 수 있도록 알선하는 데에 그치고, 다 받아들여 돌보는 일은 흔치도 않거니와 쉽지도 않았습니다. 물론 어린 시절에 헤어진 어머니를 향한 그리운 마음에 인정을 베풀었을 지도 모릅니다. 그러나 이부형제나 이복형제는, 자칫 후계자 싸움의 불씨가 될 만큼 잠재적인 위험을 지닌 인물들이었습니다. 이러한 불상사를 막기 위해서는 이에야스 스스로 '완전한 주군'이 되어 지고의 위치를 지켜내야 했습니다. 설령 그렇다 하더라도 이부형제를 모두 품은 일은 드물고도 쉽지 않은 일이긴 하였습니다.

이미 언급했듯이 도시카쓰는 이에야스가 미즈노 노부모토를 처형한 사건을 계기로 행방이 묘연해집니다. 이후 오다이는 이에야스의 비호를 받게 됩니다. 아들 야스모토·야스토시·사다가쓰는 마쓰다이라 성姓을 허락받았고, 훗날 세 사람 전부 다이묘가 되었습니다. 딸들도 마쓰다이라 가문의 일원으로 결혼합니다. 여기서도 이에야스가 가족을 소중히 여기는, 인정 많은 성격의 소유자임을 알 수 있습니다.

이에야스의 여인: 정실

이에야스의 첫 번째 정실부인은 쓰키야마도노입니다. 이마가와 가문 소속의 세키구치 우지즈미의 딸인데, 어머니는 이마가와 요시모토의 여동생 혹은 숙모였다고 전해집니다. 1557년 이에야스와 결혼합니다. 2년 후인 1559년에는 아들 마쓰다이아 노부야스를 낳고, 1560년에는 딸 가메히메를 출산합니다. 아버지 세키구치 우지즈미는 오케하자마 전투 이후 이마가와 우지자네에게서 배신자 이에야스와 내통한다는 의심을 받았습니다. 이마가와 우지자네의 의심을 받자 우지즈미는 아내와 함께 자결을 해야 했습니다. 이마가와 가문의 인질처럼 구속된 쓰키야마도노는 아이들을 지키고 있었는데, 이윽고 인질교환으로 모두 오카자키로 올 수 있었습니다.

그런데 무슨 이유인지 쓰키야마도노는 오카자키 성에 들어가지 않고, 성 밖의 세이간지 사찰에 머뭅니다. 이를 이유로 쓰키야마도노가 이 시점에 이에야스와 이혼했거나 둘 사이의 관계가 나빠졌다고 보는 사람도 있습니다. 그렇다면 인질교환으로 왜 쓰키야마도노를 데리고 왔을까요? 노부야스와 가메히메만 데리고 올 수도 있었을 텐데 말입니다. 저는 이에야스가 쓰키야마도노의 친정부모인 세키구치 부부에게 죄책감을 느꼈을 거라 추측합니다. 자신이 이미가와 가문과 관계를 끊었기 때문에 그들이 목숨을 잃었습니다. 이런 죄책감을 느꼈으니 쓰키야마도노와 이혼하지 않고 인질교환이라는 방법을 활용해 데리고 왔다고 생각합니다.

1570년 이에야스는 도토미의 하마마쓰 성을 새로운 거점으로 정하고 옮깁니다. 이후 장남 노부야스는 오카자키 성으로 입성하고, 쓰키야마도노도 노부야스의 생모 자격으로 오카자키 성에 입성합니다. 1579년에는 노부야스의 정실인 도쿠히메가 쓰키야마도노와 노부야스의 배신을 폭로했고, 쓰키야마도노는 처형됩니다. 그리고 얼마 후 노부야스도 후타마타 성에서 자결합니다. 이 사건은 다음 장에서 설명하겠습니다.

이에야스의 여인: 부인들

쓰키야마도노가 죽은 후 이에야스는 도요토미 히데요시의 여동생 아사히히메1543~1590를 정실로 맞이합니다. 정실은 쓰키야마도노와 아사히히메 두 사람뿐입니다. 기록에 따르면 20명의 측실이 있었다고 합니다. 규슈 대학의 후쿠다 치즈루 교수는, 그녀들 중에 첩이 아니라 '후처'라고 해야 할 정식 부인도 있었을 것으로 추정합니다. 여기서는 대표적인 두 사람을 소개하겠습니다.

오만노가타(조쇼인, 1548~1620). 아버지는 지류 신사의 신관을 지낸 나가미 사다히데이고 어머니는 미즈노 다다마사의 딸이자 오다이의 여동생이었습니다. 즉 오만노가타는 오다이의 조카였습니다. 1572년 하마마쓰 성에 있던 이에야스에게 시집와서, 1574년 유키 히데야스·나가미 사다치카 쌍둥이를 출산합니다. 히데야스는 1584년에 도요토미 히데요시의 양자가 되어서, 훗날 유키 가문을 계승합니다. 세키가하라 전투 때는 간토의 수비를 맡았고, 그 공으로 에치젠 지역의 기타노쇼 성과 그곳 68만 석의 영토를 다스리는 다이묘가 됩니다. 오만노가타도 히데야스를 따라 에치젠으로 이동하지만 1607년 히데야스는 병으로 급사하고 오만노가타는 출가하여 1620년 기타노쇼에서 72세로 생애를 마감합니다.

오아이노가타(사이고노 쓰보네, 1552~1589)는 미카와 지역의 사이고 가문 출신입니다. 도즈카 다다하루라는 무사와 결혼을 했지만 남편이 죽자 사촌 오빠 사이고 요시카쓰와 재혼해 슬하에 1남 1녀를 얻습니다. 그런데 1571년 다케히로 전투竹廣合戰에서 사이고 요시카쓰가 전사하자 이후 사카이 다다쓰구의 매형이었던 사이고 기요카즈의 양녀 지위로 이에야스의 측실이 됩니다. 이에야스의 총애를 받아 1579년에는 적자 도쿠가와 히데타다를, 그다음 해에는 마쓰다이라 다다요시를 출산합니다.

제7장

도쿠가와 이에야스의
고뇌와 성장

다케다 가문의 몰락

나가시노 전투 후, 도쿠가와 이에야스는 다케다 가문의 세력권을 공격하기 시작했고, 양자는 다카텐진 성을 둘러싸고 일진일퇴의 공방을 펼쳤습니다. 제6장에서 언급한 것처럼 다카텐진 성은 지정학적으로 중요한 위치에 있습니다. 다케다 가쓰요리는 다카텐진 일대를 직할지로 삼고, 성을 정비했습니다.

1580년 3월에 이에야스는 오다 노부나가의 도움을 받고, 다시 다카텐진 성을 공격했습니다. 이듬해 1581년에는 성을 지키던 다케다 쪽의 오카베 모토노부 등이 오다 노부나가에게 목숨을 구걸합니다. 그 조건으로 다카텐진 성과 고야마 성 등을 포함해 다케다 가문의 여러 성을 내주기로 하였습니다.

그러나 노부나가는 다케다 가문에 더 큰 피해를 주고자 다카텐진 성을 함락하기로 했습니다. 그래서 이에야스에게 다카텐진 성을 계속 공격하라고 명합니다. 노부나가는 다음 해에 다케다 가문의 본진을 공략할 계획을 세우고 있었기 때문에, 전초전으로 적군의 성을 화려하게 함락하고 다케다 쪽의 전의를 꺾으려고 계획한 것입니다.

3월 22일, 도쿠가와 군의 총공격을 받은 다카텐진 성은 함락됐고 오카베 모토노부 등은 전사했습니다. 이를 계기로 다케다 가문의 군대는 사실상 도토미에서 절멸했습니다. 더욱이 가쓰요리가 다카텐진 성을 구하지 않고 함락되도록 내버려 두었다는 소문이 나돌자, 다케다 가문이 몰락했다는 소식이 온 천하에 퍼졌습니다. 다케다 가문 휘하의 구니슈들은 자신들도 다카텐진 성처럼 버려진다면 목숨을 걸며 싸울 필요가 일절 없다고 생각하고, 공격을 받으면 바로 항복해 버렸습니다.《노부나가 공기》에서는 다카텐진 성이 함락되자 다케다 가쓰요리가 "세상에 얼굴을 들고 다닐 수 없게 되었다."라고 말했다는 기록이 적혀있습니다.

수수께끼로 가득한 오가 야시로 사건

조금 시간을 거슬러 올라, 나가시노 전투 직전의 이야기를 하겠습니다. 나가시노 전투 한 달 전인 1575년 4월에, 도쿠가와 가문에서 '오가 야시로 사건'이 발생했습니다. 이에야스의 적자 마쓰다이라 노부야스의 가신, 미카와 오쿠군 20여 곳의 관리자 혹은 오카자키 지역 관료였던 오가 야시로(오오카 야시로)가 가쓰요리와 내통해 다케다의 세력을 오카자키 성으로 끌어들이려고 했던 계획이 발각되었습니다. 오가 야시로의 일당 야마다 하치조가 배신하여 이를 알렸기에 이에야스는 오가 야시로의 음모를 사전에 제압했습니다. 오가 야시로를 뒤에서 조종한 사람은, 당시 다케다 쪽에 붙어 있던 쓰쿠데 성의 성주 오쿠다이라 사다카쓰(미치후미라고도 함)라고 합니다. 사건이 발각되자 이에야스는 야시로를 엄하게 추궁했습니다. 야시로의 노모, 아내, 세 아이를 기둥에 묶고는 자백하지 않으면 한 사람씩 창으로 찔러 죽이겠다고 협박했습니다. 하지만 야시로는 자백하지 않았습니다. 결국 전원 처형당하고, 야시로 본인은 톱으로 목이 잘리는 전국시대의 극형*을 받았다고 합니다.

이에야스가 이렇게 잔혹한 모습을 보인 것은 그의 긴 인생을 통틀어 흔치 않은 일이긴 하였습니다. 왜 이렇게까지 했을까요? 이에야스는 야시로의 배후에 오쿠다이라 가문과 잇코잇키가 있을 거라 의심했습니다. 혹은 미카와의 구니슈가 오가 야시로의 음모에 모두 동조한다고 의심해서, 신속히 손을 쓰지 않으면 나가시노 전투에 차질이 생길까 우려했던 것 같습니다.

야시로는 끝내 입을 열지 않은 채 죽었고, 진상은 수수께끼로 남았습니다. 이에야스로서는 다케다 가문과의 일대 결전을 앞둔 상황에서 이 사건을 크게 부풀리고 싶지 않았을 것입니다. 가문이 분열되는 듯한 인상을 적에게 보이고 싶지 않았고, 노부나가가 이를 알게 하고 싶지 않았습니다. 만약 노부나가에게 알려지면 그의 신용을 잃을 것이 틀림없었기 때문입니다. 결국 사건은 흐지부지 끝났습니다.

---

* 노코기리비키(鋸引き), 전국시대의 극형이다.

쓰키야마도노 사건이 미친 영향

그리고 4년 후, 이른바 '쓰키야마도노 사건'이 발생했습니다. 이에 야스의 정실 쓰키야마도노와 그의 아들이자 적자인 노부야스가 다 케다 가쓰요리와 내통했다는 이유로 이에야스에게 살해된 일입니다. 저는 이 일의 복선으로 4년 전 발발한 오가 야시로 사건이 깔려 있다 고 추측합니다.

1579년 7월 16일. 노부나가는 이에야스에게, 쓰키야마도노와 노부 야스에게 모반 혐의가 있다고 통보합니다. 이를 알린 사람은 노부나 가의 딸이자 노부야스의 정실이었던 도쿠히메입니다. 이에야스는 아 닌 밤중에 홍두깨를 받은 사람처럼 당황했습니다. 어쩌면 미즈노 노 부모토를 살해한 사건을 떠올렸을지도 모릅니다. 이번에는 자신이 위험하다고, 이에야스가 이렇게 생각했다고 하더라도 이상하지 않습 니다.

내통 사건의 장본인으로 알려진 인물은, 노부야스의 가신 나카 네 마사모토였다고 합니다. 그의 아버지 나카네 마사테루는 후타마 타 성을 지키다가 다케다 군에게 성을 내준 뒤, 미카타가하라 전투에 서 장렬하게 전사했습니다. 이처럼 무공을 세운 인물로 잘 알려져 있 는데, 그의 딸이 오가 야시로와 결혼했습니다. 즉 노부나가의 충신인 나카네 마사모토와 오가 야시로는 처남·매부 사이였습니다. 이들의 인간 관계가 바로 오가 야시로 사건과 쓰키야마도노 사건의 접점입 니다.

다케다 세력을 오카자키 성에 끌어들이려고 획책한 야시로는 실패 했습니다. 그런데 4년 후에 그의 처남인 마사모토가 야시로의 유지

표3 오가 야시로 – 쓰키야마도노 사건의 인간 관계도

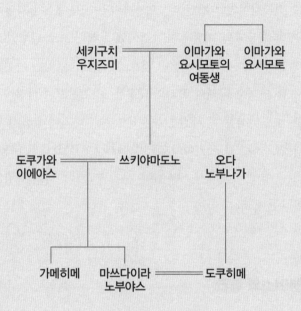

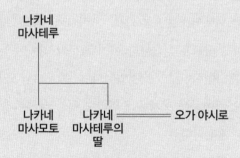

를 이어 쓰키야마도노 사건을 일으켰다고 볼 수 있습니다. 이에 관한 사료가 극히 적어 아직 정설은 없습니다. 아무래도 도쿠가와 가신단 내부가 '하마마쓰의 이에야스를 가까이에서 모시며 다케다 가문과의 전쟁에 적극적이었던 집단'과, '오카자키의 노부야스와 가깝게 지내며 다케다 가문과의 대결에 소극적이었던 집단'으로 나뉘었고, 양자 사이에 교류와 소통이 부재했던 것으로 보입니다. 이런 가신단 내부의 동요를 느끼고 다케다 쪽과의 내통을 도모한 자가 나카네 마사모토였고, 도쿠히메가 이 사실을 눈치채고 노부나가에게 급히 알린 것입니다. 노부야스와 쓰키야마도노가 다케다 카쓰요리와 내통했다는 이야기는, 당시 이에야스 가문 내부 사정을 고려한다면 틀림없는 사실이었다고 봅니다.

이에야스의 결단

그 후의 경과는 후코즈마쓰다이라 가문深溝松平家의 마쓰다이라 이에타다가 남긴 《가충일기家忠日記》를 바탕으로 서술하겠습니다. 하마마쓰를 출발한 이에야스는 8월 3일에 오카자키 성으로 들어가 노부야스와 대면하고 사정을 듣습니다. 아마 노부야스는 이 일의 진상을 이에야스에게는 말하지 않았을 것입니다. 이틀 후 8월 5일, 이에야스는 니시오 성으로 이동해 전쟁을 준비하고 아들 노부야스는 거처를 오하마 성으로 옮깁니다.

둘 사이에 대체 무슨 일이 있었을까요? 확실한 증거는 없지만 저는 소설가의 상상력을 발휘해 다음과 같은 이야기를 구상했습니다.

이에야스는 노부야스에게 "신념을 품은 채 나와 싸우겠다면 언제든 지 상대하겠다. 행동으로 네 뜻을 보여 달라."라고 통보한 것이 아닐 까요? "나는 니시오 성으로 가니, 너는 오하마 성에서 전쟁 준비를 해 라."라고 말이지요. 노부야스는 이미 어엿한 무장이며 노부야스의 근 거지인 오카자키에는 노부야스에 충성하는 강직한 신하도 있었습니 다. 다케다 가문과의 전쟁을 계속하겠다는 이에야스의 방침을 따르 지 않겠다면 정정당당하게 가신들을 이끌고 싸워 덤비라고, 노부야 스와 그 배후의 가신들을 다그치지 않았을까요? "나와 전쟁을 할 각 오가 있느냐?"라고 위협하여, 노부야스를 따르는 가신들의 전의를 꺾 기 위한 조치였다고 생각합니다. 불만이 가득한 노부야스의 가신들 을 섣불리 자극하면 오히려 그들이 무장 반란을 일으키는 파국으로 치달을 수도 있었습니다. 수많은 전쟁을 경험한 이에야스가 "먼저 나 부터 쓰러뜨려라."라고 말하여 가신들이 제정신을 차리도록 다그친 게 이 사건의 목적이었다고 봅니다.

이에야스가 오카자키 성에 입성한 그 시점부터 노부야스에게 충성 하는 가신은 없었습니다. 쓰키야마도노와 노부야스의 계략이 실패한 것이 명백합니다. 이에야스는 8월 9일에 노부야스의 거처를 하마나 코 호수 동쪽 해안에 위치한 호리에 성으로 옮깁니다. 다음 날 10일 에는 미카와의 구니슈들을 소집하여 "노부야스 편에 서지 않겠다."라 는 약속을 기청문에 쓰게 하고 난을 수습합니다.

쓰키야마도노가 보낸 밀서

쓰키야마도노가 중국인 의사* '사이케이'라는 인물을 통해 다케다 측과 내통했다고 하는데, 저는 이것도 사실이었다고 봅니다. 실제로는 나가시노 전투 직전, 즉 4년 전 오가 야시로 사건이 발생했을 때 이미 쓰키야마도노가 다케다 가쓰요리에게 밀서를 보냈을 것입니다. "미카와 땅에서 노부야스가 편안하게 살 수 있게 해준다면 다케다의 편이 되겠다."라는 기청문을 가쓰요리에게 보냈다고 생각합니다. 이를 아들 노부야스도 알고 있었는지는 모르겠습니다. 단 나가시노 전투에서 패한 가쓰요리가 이 기청문으로 노부야스를 흔들었을 가능성은 있습니다. "이것이 오다 노부나가에게 알려지면 어떻게 될까? 도쿠가와 가문은 파멸할 것이다."라는 식으로 말입니다. 이때 노부야스는 어머니 쓰키야마도노를 단죄해야 했습니다. 상황에 따라서는 칼로 어머니를 죽이고, 이에야스에게 이 사실을 보고했어야 했습니다.

노부야스는 이마가와 가문에서 2년간의 인질 시절을 포함해 고락을 함께한 어머니를 어떻게든 돕고 싶었을 겁니다. 그러나 노부야스의 아내 도쿠히메는 쓰키야마도노를 용서할 수 없었습니다. 이 일의 진상을 밝히려면 친정 아버지인 노부나가에게 호소하는 방법 외에 없다는 판단을 내렸고, 끝내 도쿠히메는 사건의 진상을 고하였습니다.

다케다 가문은 신겐이 살아있었을 때부터 쇼군 아시카가 요시아키를 앞세워서 오다 노부나가와 대치했습니다. 쓰키야마도노는 이마가

---

* 사료에 따라 포괄적인 의미의 외국인으로 언급하기도 한다.

와 가문 출신이었으니 쇼군 가문에 더 우호적이었을 겁니다. 그녀는 천황이 임명한 막부 정권의 수장이자 '쇼군'이라고 불리는 '정이대장군征夷大將軍'*이 무가 정권을 이끌고 전국을 통치하는 옛 질서에 정당성이 있다고 느꼈습니다. 어쩌면 노부야스도 모친에게서 이런 교육을 받았을지도 모릅니다. 1573년에 쇼군 요시아키를 교토에서 추방한 오다 노부나가보다 다케다 신겐에게 더 마음이 갔을 가능성도 있습니다.

쓰키야마도노 사건, 막을 내리다

이에야스는 노부나가의 명을 받아서 어쩔 수 없이 아내와 아들을 살해했을까요? 아니면 자발적으로 그들을 죽였을까요? 연구자마다 의견이 분분합니다. 어쨌든 최종 판단은 이에야스 본인이 내렸을 겁니다.

오가 야시로 사건 단계에서 이미 가문이 분열되었던 것, 쓰키야마도노가 다케다와 내통을 하고 있었던 것도 모두 사실이라면 그 책임은 주군인 이에야스에게 있습니다. 야시로 사건은 일부 사람들이 모반을 계획했다는 정도로 막을 내렸습니다. 그런데 나가시노 전투를 앞두고 다시 야시로 사건이 부각되자, 노부나가도 이에야스 가문이 분열되고 있다는 징조를 눈치챘습니다. 이에야스는 자신의 결단으로

---

* 가마쿠라 막부 이후 무가정권의 수장을 기리킨디. 에도 시대끼지 득내 무싱에게 세습뇌었니. 1867년 왕정복고로 폐지. 일반적으로 쇼군이라고도 한다.

모든 문제를 처리해야 했습니다. 쓰키야마도노는 8월 29일에 도토미의 사나루코 호수 부근의 고야부무라에서 처형되었고, 노부야스는 9월 15일에 후타마타 성에서 할복을 합니다. 이렇게 30대의 이에야스를 괴롭혔던 쓰키야마도노 사건이 막을 내립니다.

다케다 가쓰요리는 왜 도쿠가와 이에야스에게 패배했을까

다케다 신겐이 죽고 후계자가 된 다케다 가쓰요리는 오다·도쿠가와 연합군과의 싸움을 이어갑니다. 그리고 나가시노 전투에서 크게 패배한 후에도 7년 가까이 저항합니다. 과거에는 '평범한 2대', '위대한 명장 다케다 신겐의 이름을 더럽힌 무능한 장수'란 혹평을 받았으나 최근에는 다케다 가쓰요리를 재평가하려는 시도들이 있었습니다.

가쓰요리는 왜 한 수 격이 떨어지는 이에야스에게 패배했을까요? 일단 다케다 가문의 영토를 효율적으로 통치하는 데에 실패했습니다. 전쟁에 필요한 비용을 조달해야 하는데, 그 자금을 영지에서 확보하지 못했으니 철포 장비도 제대로 갖출 수가 없었습니다.

또한 외교전에서도 실책을 저지릅니다. 1579년에 다케다 가쓰요리는 호조 가문과의 동맹을 파기하고 우에스기 가게카쓰와 손을 잡습니다. 이때 이에야스는 호조 가문과 동맹을 맺습니다. 가쓰요리가 우에스기와 동맹을 맺은 것은 아마도 탄약 보급 경로를 확보하기 위함이라 봅니다. 그런데 결과적으로는 스루가 지역이 호조 가문과 도쿠가와 가문 양쪽의 위협에 시달리게 되었고, 이에 따라 다케다 가문의 중신 아나야마 바이세쓰 등이 이탈하게 됩니다.

왜 이런 위기를 감수하면서까지 탄약 보급 경로를 확보하려고 했을까요? 다케다 가문의 영토인 가이·시나노 일대는 바다와 떨어진 내륙이라 탄약을 입수하기 어려웠습니다. 제2장에서 언급했듯이 당시 납은 귀한 자원이었습니다. 자금 루트를 확보하지 못한 가쓰요리는 납과 초석을 구할 자금을 마련하지 못했고, 스루가 땅을 상실하자 납과 초석을 입수할 교역로도 상실했습니다. 최근 후지오무로센겐 신사에서 획득한 고문서를 연구한 결과, 다케다 가문이 난국을 타개하고자 신불 앞에 바친 새전賽錢을 녹여 어렵사리 철포 탄환을 만들었다는 기록을 발견했습니다.

한편으로는, 노부나가와 이에야스의 동맹 관계를 가쓰요리가 끊지 못했다는 문제도 있었습니다. 다케다 신겐이 노부나가 포위망의 핵심 축이라 믿었던 쇼군 아시카가 요시아키는, 이미 교토에서 쫓겨나 도모노우라(히로시마현의 후쿠야마시)에 의탁하고 있었습니다. 요시아키는 그곳에서 도모 막부를 열고 계속 노부나가에 대항했습니다. 가쓰요리 역시 쇼군 요시아키가 노부나가와 이에야스 사이에 쐐기를 박을 것이라 기대했으나 현실은 녹록지 못했습니다. 쓰키야마도노 사건과 같은 일이 있어도 기본적으로 노부나가와 이에야스의 동맹은 견고했습니다. 반대로 말하면 노부나가와 이에야스가 강고한 동맹 체제를 구축했기 때문에 다케다 가문이 궁지에 몰린 거라 말할 수 있습니다.

제1장에서 언급했듯이 이에야스는 훗날 농본주의·지방분권국가를 수립합니다. 그러나 이 단계에서는 아직 전국시대를 살아가기 위해 노부나가가 세시한 대외정책과 중상주의·중앙집권제를 인정하고

그 노선에 복종했습니다. 이를 이용해 남만 무역의 이익을 확보하고 총포와 화약 등 전략 물자를 조달받았습니다. 이것이 바로 이에야스와 가쓰요리의 차이였습니다.

다케다 가문의 멸문

1582년 1월 하순, 시나노의 구니슈인 기소 요시마사가 다케다 가문에 반기를 들었습니다. 다케다 가쓰요리는 2월 2일, 기소 요시마사 토벌을 위해 10,000여 명의 군사를 이끌고 스와우에하라까지 출진합니다. 오다 노부나가는 다음 날 3일, 다케다 가문 공격을 위한 출병을 명령합니다. 스루가 방면에서는 도쿠가와 군이, 간토에서는 호조 군이 출병 명령을 받았습니다. 그리고 노부나가의 적자 오다 노부타다를 총대장으로 하는 오다 군의 본대가 2월 6일 시나노의 이나군 방면에서 진군을 시작해 이와무라 쪽과 기소 쪽에서 다케다의 영토를 공격했습니다.

그런데 2월 16일, 신슈의 아사마 산이 분화해 인근 지역에 막대한 피해를 입혔습니다. 회오리쳐 올라가는 연기로 햇빛이 차단되어 얼어 죽는 사람이 생길 정도였습니다. 피해를 입은 가이와 시나노에서는 전쟁 준비를 제대로 할 상황이 아니었습니다.

이에야스는 2월 18일에 하마마쓰 성을 떠나 가케가와 성으로 들어갑니다. 그리고 20일에는 스루가 서부에 위치한 다나카 성을 포위하는데, 성주 요다 노부시게가 완강하게 저항해 이에야스는 이를 뒤로한 채 먼저 슨푸 성으로 향합니다. 21일에 슨푸 성에 도착하는데, 가쓰요리가 이미 도망친 다음이라 이에야스는 빈껍데기가 된 슨푸 성으로 쉽게 입성합니다. 이에야스가 슨푸 성에 입성한 그날, 호조 우지마사의 동생 호조 우지구니가 약 20,000명의 병사를 이끌고 다케다의 영토 니시코즈케를 공격합니다. 25일에는 다케다 측의 아나야마 바이세쓰가 이에야스에게 항복하고 에지리 성을 넘깁니다. 3월 4일에 에지리 성으로 들어간 이에야스는, 그대로 후지 강을 따라 북상해 3월 11일 고후로 들어갑니다. 덴모쿠 산으로 달아난 가쓰요리는 처자와 함께 자결했고, 다케다 가문은 그날 멸문했습니다.

오다 노부나가의 동국 통일

3월 5일에 아즈치 성을 떠난 오다 노부나가는, 3월 19일에 시나노 가미스와에 위치한 홋케지 사찰에 들어갑니다. 이에야스는 즉시 홋케지 사찰로 달려가 노부나가에게 인사를 올립니다. 홋케지 사찰에서 노부나가는 논공행상의 차원으로 옛 다케다 영토를 분배했습니다. 이에야스에게는 스루가 지역을 할당했습니다.

이에야스는 오다 노부나가와 주코쿠 지방의 모리 가문을 제외하면 전국 최고의 다이묘가 된 셈입니다. 이는 천하인 오다 노부나가를 따르는 휘하 무장이기도 하면서 동시에 오랜 세월 동맹을 유지한 이에야스에게 걸맞은 대우였다고 할 수 있습니다. 노부나가는 홋케지 사찰에서 간토와 오우를 포함한 동쪽 지역을 직접 나누고, 현지의 다이묘와 구니슈를 이끌 방침을 발표했습니다. 이에 동국 지역에서는 에치고의 우에스기 가게카쓰 외에는 노부나가의 명을 따르지 않는 세력이 사실상 존재하지 않게 되었습니다. 이를 '동국 통일東國御─統'이라고 합니다.

다케다 가문 정벌을 완료한 노부나가는 귀국길에 가이에서 스루가로 내려가는 후지 유람을 합니다. 새롭게 스루가·도토미·미카와 세 영지를 소유하게 된 이에야스는 이 여행에 동행합니다. 노부나가와 그 휘하의 이에야스는 그야말로 전성기를 맞이했습니다.

현재까지 전해지는 다케다 가쓰요리 이야기

여담입니다만 다케다 가쓰요리가 사실 덴모쿠 산에서 자결하지 않고, 시코쿠의 조소카베 가문에 도움을 받아 도사(고치현)에서 지냈다는 전설이 있습니다. 내용인즉슨 지금의 고치현 아가와군 니요도가와초에서 '오사키 겐판'이라는 이름으로 살았다는 것입니다.

현지에는 '다케다 가쓰요리 도사의 모임武田勝頼土佐の會'이라는 단체가 있는데, 이들이 그 전승을 전하고 있습니다. 만일 이것이 사실이라면, 다케다 가문의 일족 중 보소 반도에 뿌리를 내린 사람들(마리야쓰씨)이 있었으니, 이들의 도움을 받아 보소 반도에서 태평양으로 빠져나와 멀리 도사까지 흘러 들어갔을 거라 가정할 수도 있습니다.

명확한 증거가 존재하는 건 아니지만 다케다 가문을 존경하는 사람들이 소중하게 여기는 전승이니 존중해야 한다고 생각합니다.

제**8**장

오다 노부나가
포위망

제1차 노부나가 포위망의 막을 연 고노에 사키히사

앞에서 몇 번이고 '노부나가 포위망'을 언급했습니다. 이는 오다 노부나가를 적대하는 세력이 쇼군 아시카가 요시아키를 중심으로 연합한 네트워크입니다. 노부나가 포위망은 제1차 시기와 제2차 시기로 나뉩니다.

제1차 노부나가 포위망은 간파쿠 고노에 사키히사가 중심이 되어 다케다 신겐·아사쿠라 요시카게·우에스기 겐신 등이 동맹을 맺어 형성됐습니다. 시기는 1570~1573년으로 파악됩니다. 동맹의 계기는 1570년 8월 10일에 사키히사가 사쓰마의 시마즈 다카히사에게 보낸 편지였습니다. 원래 시마즈 가문은 고노에 가문과 친분이 깊었습니다. 이 편지는 《대일본 고문서大日本古文書》에 수록된 〈집안 문서家分け文書〉 중 '시마즈 가문의 문서島津家文書' 편에 들어 있습니다. 그 편지에는 다음과 같이 기록되어 있습니다.

"그래서 고슈 남북, 엣슈, 시고구의 부리늘이 하나가 되었다. 근일

나도 출진해서 뜻을 이루겠다."

　　즉 고슈 남북의 아자이·롯카쿠, 엣슈(에치고·엣주·에치젠)의 아사쿠라, 시코쿠의 미요시 삼인방三好三人衆을 같은 편으로 끌어들이고 가까운 시일에 본인도 출진해서 뜻을 이루겠다는 의미입니다. 뜻을 이룬다는 것은 오다 노부나가 제압을 가리킵니다.

　　이 무렵 사키히사는 제13대 쇼군 아시카가 요시테루를 살해한 미요시 삼인방을 숨겨준 죄목으로 조정에서 추방됐습니다. 사키히사를 추방한 사람은 노부나가의 도움으로 제15대 쇼군이 된 아시카가 요시아키와 전 간파쿠 니조 하레요시입니다. 이 두 사람을 제거하기 위해서는 노부나가를 없앨 필요가 있었습니다.

　　사키히사는 정치적인 수완을 발휘해 아자이·아사쿠라·미요시 삼인방과 혼간지 잇코잇키의 세력을 더해 노부나가에게 대항하려고 했습니다. 시마즈에게 보낸 편지는 이런 계획을 알리는 내용이었습니다.

제1차 노부나가 포위망의 전개

　　이후 사키히사의 계획대로 사건이 전개됐습니다. 1570년 9월 12일에는 기슈 잇코잇키와 혼간지가, 11월 21일에는 이세 나가시마의 잇코잇키가 각각 반反 노부나가 포위망에 동참했습니다. 이렇게 되자 아자이·아사쿠라 연합에 대항해야 하는 오다 노부나가는 남북에 적을 둔 셈이니 꼼짝할 수 없었습니다. 그런데 12월 14일에 오기마치 천황이 '화친 칙령'을 내렸고 노부나가는 아시카가 요시아키가 입회한 자리에서 아자이·아사쿠라와 화해를 합니다.

천황이 화친 칙령을 내렸다는 점이 중요합니다. 무사가 아니라 천황을 끌어들였습니다. 게다가 권위를 위해 쇼군 요시아키까지 참관시켰습니다. 이렇게 되면 아자이·아사쿠라도, 노부나가가 화해의 약속을 절대로 어기지 못할 것이라고 예상했을 것입니다. 그런데 그 이듬해인 1571년 9월 12일, 노부나가는 놀랍게도 아자이·아사쿠라의 세력권에 있는 히에이 산에 불을 지릅니다. 이는 화해의 취지를 짓밟는 행위로, 오기마치 천황과 쇼군 요시아키의 권위가 손상된 참극이었습니다.

현재 발굴조사 등을 바탕으로 '히에이 산을 불태웠다고는 하나 실제로는 온 산을 태운 대규모의 파괴 행위가 아니라 산기슭 초입을 조금 태운 정도'였다고 주장하는 연구도 있습니다. 그러나 히에이 산은 고대 이래 교토와 조정을 지키는 성지로, 깊은 존경과 숭배를 받았으며 학문과 문화의 집적지였습니다. 그 산에 불을 지른다는 행위 자체가 당시 사람들에게는 큰 충격이었습니다. 노부나가가 히에이 산에 불을 질러 공격한 사건은 조정과 막부, 그리고 민중들에게도 큰 충격을 남겼습니다.

요시아키와 노부나가의 갈등

이 무렵 고노에 사키히사는 일부러 에치젠까지 찾아가 아사쿠라 요시카세의 딸과 혼간시 사찰의 법사 겐뇨의 아들 교뇨와의 혼담을 주선합니다. 그리고 1572년 4월 16일에는 미요시 본가의 당주인 미요시 요시쓰구와 마쓰나가 히사히데가 노부나가 타도를 위해 거병을 일으킵니다. 히사히데는 미요시 가문의 가신에서 센고쿠 다이묘가 된 사람입니다. 사키히사가 구축한 제1차 노부나가 포위망이 차례차례 움직이기 시작한 것입니다.

이에 노부나가는 같은 해 9월, 쇼군 아시카가 요시아키에게 '이견 17개조(17개조의 의견서)'를 제출합니다. 요시아키의 정치를 비판하고, 과거 가신에게 살해당한 제6대 쇼군 아시카가 요시노리와 제13대 쇼군 아시카가 요시테루의 이름을 들먹이며 요시아키를 위협하는 내용이었습니다. 이전에는 노부나가와 요시아키가 서로 뜻이 맞지는 않았어도 대놓고 대립하지는 않았습니다. 그런데 이 의견서로 두 사람 사이의 갈등을 더는 숨길 수 없게 되었습니다.

같은 해 11월 14일, 다케다 신겐이 도토미로 출병합니다. 12월 22일에는 미카타가하라 전투에서 도쿠가와 이에야스를 격파합니다. 이 단계에서 아시카가 요시아키는, 이 정도라면 노부나가를 이길 수 있을 거라 확신했습니다.

쇼군 요시아키의 거병

새해를 맞아 1573년 2월, 쇼군 아시카가 요시아키는 노부나가가 제 거처로 지어준 니조고쇼二條御所에서 노부나가에 맞서 싸울 거병을 일으킵니다. 여기서 요시아키도 본격적으로 노부나가 포위망에 일조하게 됩니다.

노부나가는 교토로 상경해서 3월 29일에 니조고쇼를 포위합니다. 그리고 4월 3일부터 나흘에 걸쳐 교토의 가미쿄(교토시 북부)에 불을 지릅니다. 이를 두고 사람들은 항복하지 않는 요시아키를 위협하기 위해서였다고 설명하는데, 저는 오기마치 천황을 위협하기 위해 방화했다고 생각합니다. 노부나가는 쇼군을 죽이고 싶지는 않았습니다. 일찍이 쇼군 요시테루를 살해한 미요시 삼인방은 '극악무도'하다는 비난을 받았습니다. 그 전철을 밟고 싶지는 않았을 것입니다. 노부나가는 오기마치 천황에게 '화친 칙령'을 내려달라고 요구합니다. 천황의 칙명이라면 쇼군 요시아키도 응하지 않을 수가 없습니다. 만약 쇼군이 천황의 칙명에 따르지 않으면 오다 노부나가는 요시아키를 토벌할 대의명분을 얻기 때문입니다.

그러나 천황은 앞서 아자이·아사쿠라와의 화친 칙령 사건 당시 노부나가가 약속을 어긴 사실을 간과할 수 없었습니다. 다시 화친 칙령을 선포한다 한들 오다 노부나가가 또 이를 어긴다면 천황 본인에게 무척 수치스러운 일이 반복되는 것입니다. 그래서 오기마치 천황은 좀처럼 사태에 응하지 않으려 했는데, 노부나가는 가미쿄에 불을 질러 천황에게 위협을 가했습니다. 이에 놀란 천황은 4월 5일에 황급히 화친 칙령을 내립니다.

니조고쇼의 요시아키는 "조금만 버티면 미카타가하라 전투에서 승리한 다케다 신겐이 미카와를 공격해서 오와리를 위협할 것이다. 그렇게 되면 노부나가도 기후로 돌아가지 않을 수 없다."라고 생각했을 것입니다. 그러나 천황의 칙명을 거부하면 노부나가에게 토벌됩니다. 요시아키는 화의에 응하지 않을 수 없었습니다.

쇼군 요시아키가 믿었던 다케다 신겐은 4월 12일에 병사했습니다. 만약 신겐이 병으로 쓰러지지 않았다면 노부나가는 교토를 떠나야만 했을 것이고, 요시아키 밑으로 노부나가 포위망이 구축되어 노부나가를 무너뜨렸을지도 모릅니다. 이런 점이 역사의 아이러니이자 묘미라고도 할 수 있을 겁니다.

노부나가가 제작한 대형선의 맥락

이런 상황에서 오다 노부나가는 1573년 5월 22일에 비와코 호수의 사와야마 성 아래에서 대형선을 건조하기 시작합니다. 아마도 유럽의 조선 기술로 만든 것으로 보입니다. 당시 일본 선박 기술로는 그렇게 큰 배를 만들 수 없기 때문입니다. 불과 한 달 만에 완성했습니다. 서양식 선박의 바다 중앙에는 등뼈와 같은 용골(keel, 킬)이 설치되어 있습니다. 용골은 배의 중심축인데 용골 좌우에 판자를 짜맞추는 구조입니다. 따라서 목재 부품을 미리 구비하고, 이를 사와야마 성 아래로 운반하면 한 달 만에 배를 만들 수 있습니다.

유럽의 조선술로 만든 대형선. 이는 노부나가가 예수회 혹은 포르투갈의 지원을 받고 있고, 그들의 힘으로 일본 내 기존 기득권 세력과 정면으로 대립했다는 사실을 방증합니다. 이 배는 비와코 호수를 일직선으로 건너 빠르게 교토로 향하기 위한 것입니다. 노부나가는 이방인들과 손을 잡고, 그들의 기술을 이용해 노부나가 포위망을 구축한 적대 세력과 싸우고 있었습니다. 그 배는 바로 노부나가의 정치적 상황을 표현한 상징물이라고 할 수 있습니다.

제1차 노부나가 포위망의 붕괴

1573년 7월 5일. 오다 노부나가에게 항복했던 쇼군 요시아키가 다시 마키시마 성에서 출병합니다. 앞에서 언급한 것처럼 노부나가 포위망의 중요한 구성원인 다케다 신겐은 이미 4월에 사망했습니다. 그런데 요시아키는 신겐이 죽었다는 사실을 몰랐던 것 같습니다. 신겐이 미카와 공격 도중에 군사를 이끌고 가이로 돌아간 사실은 알고 있었지만, 노부나가 포위망의 최대 실력자인 신겐이 이미 죽은 사람이라는 사실은 몰랐습니다. 만약 알고 있었다면, 이런 무모한 거병은 하지 않았을 것입니다. 쇼군 요시아키는 신겐에게, 다시 미카와를 공격하라고 재촉하는 의미로 거병했을지도 모릅니다.

요시아키는 노부나가 군에게 바로 포위되었고, 18일에는 적자 아시카가 기진을 인질로 내주며 항복합니다. 그리고 각지를 전전하게 됩니다. 8월 20일에 오다 군의 공격으로 본거지 이치조다니에서 쫓겨난 아사쿠라 요시카게가 자결합니다. 9월 1일에는 오다니 성이 함락되었고, 아자이 나가마사도 자결합니다. 또한 11월 26일에는 유랑의 몸이 된 요시아키를 숨긴 미요시 요시쓰구가 오다의 공격을 받아 와카에 성에서 자결합니다. 이렇게 제1차 노부나가 포위망은 사실상 붕괴했습니다.

아시카가 가문과 도모노우라

오다 노부나가 때문에 교토에서 추방당한 아시카가 요시아키는, 모리 데루모토의 세력권에 있는 빈고(히로시마현 동부)의 도모노우라로

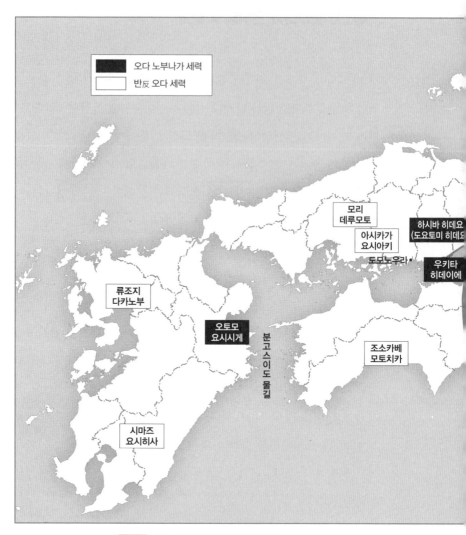

지도10 혼노지의 변 당시 세력 분포

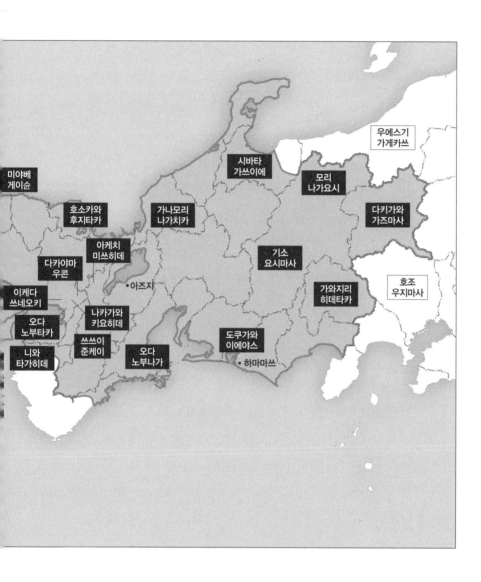

미야베
게이슌

호소카와
후지타카

가나모리
나가치카

시바타
가쓰이에

모리
나가요시

우에스기
가게카쓰

다키가와
가즈마사

아케치
미쓰히데

기소
요시마사

다카야마
우콘

• 아즈지

이케다
쓰네오키

나카가와
키요히데

가와지리
히데타카

호조
우지마사

오다
노부타카

쓰쓰이
준케이

오다
노부나가

도쿠가와
이에야스

니와
타가히데

• 하마마쓰

이동합니다. 명확한 증거는 없지만 1576년 3월로 추정됩니다. 왜 하필이면 도모노우라였을까요? 그 이유는, 도모노우라가 세토나이카이 내해의 해운 중심지이자 무로마치 막부와 인연이 깊은 땅이었기 때문입니다.

세토나이카이 내해의 해류는 만조 시 동서 양쪽 바다에서 밀물이 찾아옵니다. 서쪽의 분고스이도 물길과 동쪽의 기이스이도 물길 방면에서 밀물이 몰려들고, 양측 밀물은 세토나이카이 내해 중앙에 위치한 도모노우라 난바다에서 결집합니다. 반대로 간조 시에는 해류가 도모노우라 난바다를 경계로 갈라집니다. 즉 도모노우라를 경계로 조수의 흐름이 만남과 갈라짐을 반복합니다. 도모노우라에서 조수 간만干滿의 차이는 약 4m나 되었고, 뱃사람들은 조수 간만의 차이를 항해에 활용했습니다. 세토나이카이 내해를 따라 오사카에서 규슈로 향할 때, 밀물에 배를 띄우면 자연스레 도모노우라에 도달합니다. 반대로 도모노우라 항구에서 썰물과 함께 배를 타면 자연스레 규슈 지역에 도착할 수 있었습니다. 규슈에서 오사카를 향할 때도 마찬가지입니다. 즉 세토나이카이 내해를 항해하는 배는 반드시 도모노우라 근처 항구에 정박할 수밖에 없었습니다. 항구로서의 도모노우라는 중대한 가치를 지닌, 전략적 거점이었던 셈입니다.

즉 아시카가 요시아키가 도모노우라로 본거지를 옮겼다는 건 세토나이카이 내해 항로와 서일본 유통을 요시아키 본인이 지배하고 있었다는 사실을 의미합니다. 요시아키가 교토에서 쫓겨났다고는 하여도 정이대장군(쇼군) 직위까지 박탈당한 건 아닙니다. 명목상으로는 여전히 쇼군이었습니다. 따라서 도모노우라에 거처를 정했다는 건

'도모 막부鞆幕府'를 개창했다고 간주해야 합니다. 실제로 요시아키는 모리 데루모토를 부副쇼군으로 정하고, 본인을 따르는 무사들을 막부 관직에 임명했습니다.

심지어 도모노우라는 무로마치 막부의 초대 쇼군 아시카가 다카우지가 정권을 수립한 역사적인 땅이기도 합니다. 남북조 시대에 아시카가 다카우지가 잠시 규슈로 도망쳤다가 다시 교토로 올라올 때, 이 땅에서 닛타 요시사다를 타도하라는 고곤 상황의 칙령을 받았고 이것이 무로마치 막부를 수립한 계기였습니다.

요시아키가 자리를 옮겨 도모 막부를 개창하자 기존의 막부를 지지하던 사람들은 큰 힘을 얻었습니다. 도모 막부를 개설한 요시아키는 다시 노부나가를 적대하는 여러 세력과 연락을 취하며 노부나가 포위망을 재조직하기 시작합니다. 요시아키가 도모노우라로 이동한 1576년부터 1582년 혼노지의 변까지, 그 사이에 제2차 노부나가 포위망이 조직되어 움직였습니다.

도모 막부 vs 아즈치 정권

최근까지도 어떤 사람들은 "1573년 요시아키가 교토에서 추방되어 무로마치 막부는 사실상 멸망했다. 도모 막부를 열었다고 하여도 실체가 없고 명목상의 존재였다."라고 말합니다. 그런데 이런 인식은 미에 대학의 후지타 다쓰오 교수의 연구 이후 크게 달라졌습니다. 도모 막부는 실제로 아즈치 성에 본거지를 둔 노부나가 정권(아즈치 정권)과 모든 분야에서 팽팽하게 맞섰습니다. 경제면에서는 물론 지지하는 다이묘의 실력면에서도 막상막하였습니다. 먼저 모리 가문이 도모 막부를 지지했고, 조소카베 가문과 시마즈 가문도 연이어 도모 막부를 지지했습니다. 게다가 노부나가 입장에서는, 도모 막부가 바닷길과 무역 루트를 차단할지도 모른다는 위기감을 느낄 수밖에 없었습니다.

노부나가의 아즈치 정권은 이른바 혁명 정권이었고, 도모 막부는 옛 질서와 조직을 수호하는 정권이었습니다. 이 양자가 팽팽하게 대치했습니다. 게다가 '대의명분'의 관점에서, 당시 무사들은 도모 막부를 지지했습니다. 전국의 무사들은 어디에 붙어야 할지 양자택일을 강요받았습니다. 이런 상황에서 실제로 발생한 수많은 전쟁과 배신을, 후지타 다쓰오 교수의 연구를 참고해서 151쪽에 표4로 정리했습니다. 참고하시기를 바랍니다.

이 표에 등장하는 마쓰나가 히사히데의 이탈, 벳쇼 나가하루의 이탈, 아라키 무라시게의 이탈은 모두 도모 막부의 쇼군 요시아키 가신들의 계략이 일군 성과입니다.

노부나가는 왜 패배했을까

이 표는 아즈치의 노부나가와 도모노우라의 요시아키가 1573년부터 1582년까지, 10년간 우열을 가릴 수 없는 싸움을 지속한 과정을 일목요연하게 정리했습니다. 둘의 싸움이 오래 이어진 까닭은 아시카가 쇼군의 무로마치 막부 체제, '슈고 영국제'가 지속되기를 바라는 세력이 의외로 많았기 때문입니다.

표4 덴쇼天正 연간1573~1592에 발발한 오다 노부나가의 전쟁

년	월	상대	전쟁 이유	비고
1573	7	우지 마키시마의 성을 공격		아시카가 요시아키를 미요시 요시쓰구에게 보냄
	8	아사쿠라 요시카게 패사敗死	노부나가 포위망 형성	
	8	아자이 나가마사 패사		
	11	미요시 요시쓰구 패사	요시아키 은닉	기나이의 반反 노부나가 세력을 일소
1574	9	이세 나가시마의 잇코잇키 진압		환 이세 지역에서 반反 노부나가 세력을 일소
1575	5	나가시노 전투에서 다케다 가쓰요리를 상대로 승리		
	8	에치젠의 잇코잇키 진압		
	10	단바 구로이의 성주, 아카이 다다이에가 이탈		
1576	1	단바 야가미의 성주, 하타노 히데하루가 이탈	노부나가 포위망 형성	
	3	아시카가 요시아키, 구마노에서 도모노우라로 내려감		도모 막부 성립
	4	오사카의 혼간지를 공격		5월 3일 하라다 나오마사 전사
	7	기즈가와구치 전투에서 모리 수군에게 패배		
1577	3	기슈 사이카의 잇코잇키 공격		사실상 실패
	9	가가 데도리강 전투에서 패배		
	10	마쓰나가 히사히데 이탈·자결	아시카가 요시아키를 쇼군으로 추대	히사히데, 오사카의 혼간지와 우에스기 겐신과 제휴
1578	2	하리마 지역 미키 성의 성주, 벳쇼 나가하루 이탈		
	10	셋쓰 아리오카의 성주, 아라키 무라시게 이탈		무라시게, 오사카의 혼간지와 모리 테루모토가 제휴
	11	기즈가와구치 전투에서 모리 수군을 상대로 승리		
1579	6	하타노 히데하루 항복		
	8	아카이 다다이에 도주		10월, 아케치 미쓰히데가 단바와 단고를 평정
1580	1	벳쇼 나가하루 패사	노부나가 포위망 형성	5월, 하시바 히데요시가 하리마를 평정
	3	천황 칙령으로 오카사 혼간지와 화해		노부나가 정권이 우위를 확보
	11	가가의 잇코잇키 진압		
1581	9	이가 손국의 잇키 진압		기타바타케 노부카쓰가 총대장
	10	이나바 돗토리성을 낙성 깃카와 쓰네이에 자결		히데요시가 이나바를 평정
1582	1	기슈 사이가의 잇코잇키 진압		스즈키 시게히데에게 사이가 지배를 맡김
	3	다케다 가쓰요리 패사		세력이 간토 지역까지 확장
	6	아케치 미쓰히데의 모반 (혼노지의 변)	아시카가 요시아키를 쇼군으로 추대	오다 노부나가와 오다 노부타다가 자결

'천황 – 쇼군 – 다이묘 – 가신'이라는 피라미드형 질서가 당시 무사들에게는 익숙하고 편안했습니다. 또 노부나가가 만들려는 국가, 이른바 중상주의·중앙집권국가 체제에 반발하려는 흐름도 있었습니다. 히에이 산과 가미쿄를 불태우고, 잇코잇키를 모두 죽인 혁명가 노부나가의 격렬한 행동에 두려움과 경계심을 느낀 겁니다.

표4의 마지막은 아케치 미쓰히데의 모반, 즉 혼노지의 변으로 끝납니다. 결론부터 말하자면 오다 노부나가가 막부·조정 측에 붙은 미쓰히데에게 살해당하며 아즈치 정권은 도모 막부에 패배했다고 말할 수 있습니다.

우리들은 노부나가가 죽은 후 히데요시가 정권을 잡고, 이에야스가 막부를 여는 역사의 '결과'를 알고 있습니다. 그러나 노부나가와 동시대에 살았던 사람들은 미래를 알 수 없었습니다. 도모 막부의 요시아키가 오다 노부나가의 세력을 쓰러뜨리고 무로마치 막부 체제를 부활시킬 것이라고 생각하는 사람도 적지 않았을 것입니다. 제1장에서 언급했듯이, 이에야스는 중상주의·중앙집권국가를 부정하고 농본주의·지방분권의 막번 체제를 구축했습니다. 그러나 노부나가가 살아 있는 동안에는 이런 조짐을 드러내지 않았습니다. 전국시대에서 살아남고자 노부나가가 추진하는 혁명 노선을 필사적으로 모방했고, 남만 무역을 활용해 경제·군사 양면에서 성장할 수 있는 정책들을 펼쳤습니다.

노부나가의 혁명이란

그렇다면 오다 노부나가가 추구한 혁명은 무엇이었을까요? 그 혁명의 기본은 고대 율령제를 계승한 지방분권체제가 아니라 중앙집권체제였습니다. 그는 스페인·포르투갈의 외압에 대항하기 위해서는 일원지배 체제를 형성해 병력을 확충해야 한다고 생각했을 겁니다. 저는 오다 노부나가가 아마도 스페인·포르투갈의 통치 방법, 구체적으로는 절대왕정을 모방했다고 봅니다.

노부나가의 또 다른 모델은 중국 진나라의 시황제입니다. 시황제는 군현제와 도량형 통일 등을 도입하여 전국을 일원적으로 지배하고자 했습니다. 노부나가는 "아즈치 성은 명당明堂이다."라고 말했습니다. 명당이란 중국의 고대 황제가 정사를 본 건물입니다. 게다가 아즈치 성의 벽에는 삼황오제의 그림이 그려져 있습니다. 삼황오제는 고대 중국의 전설적 통치자들입니다. 그런데 그 그림의 최고층에는 노부나가가 있고, 노부나가 바로 아래에 삼황오제가 그려져 있습니다. 즉 아즈치 성의 벽화는 오다 노부나가가 삼황오제 위에 군림하는, 진정한 황제라는 의미를 담고 있습니다. 이런 점을 고려하면 노부나가가 목표로 한 중앙집권체제 국가의 모형은 중국의 진시황이었다고 추측할 수 있습니다.

중앙집권체제를 이룩하기 위해 노부나가가 실시한 정책은 '시로와리城割り'입니다. 시로와리는 다이묘가 살고 있는 성 이외의 모든 성을 허물도록 하는 조치입니다. 이는 훗날 도요토미 히데요시의 '도수령刀狩り'으로 이어집니다. 도수령은 무사가 아닌 사람, 특히 농민들에게서 무기를 몰수하는 정책입니다. 요컨대 무장해제령입니다.

노부나가는 토지조사(檢地, 검지)도 시행하여 최종적으로 성하城下에 사람들을 살게 했습니다. 가신들을 본거지에서 데리고 나온 후 그들이 아즈치 성 밑에 마을을 형성하도록 이끌었습니다. 달리 말해 병농분리 정책을 추진했다고 볼 수 있습니다.

최근에는 "노부나가·히데요시 시대의 병농분리는 의도적인 정책이 아니었다."라는 논의도 대두되고 있습니다만 노부나가가 무사들에게 무장해제 명령을 내리고, 소수의 '활 부대'와 경호용 기마부대만 한정적으로 성 밑에 살게 조치한 건 명백한 사실입니다. 아즈치 성 밑으로 옮겨 살라고 했는데, 이를 거스르고 이주하지 않은 가신이 있으면 그 집을 불태웠다는 일화도 남아 있습니다.

무사는 원래 자기 영지의 다이묘입니다. 열심히 자신의 땅을 일구고 그 땅을 목숨 걸고 지키는 존재였습니다. 그러니 노부나가의 가신들도 자신의 땅에서 멀어지라는 노부나가의 명령에 크게 저항했을 겁니다. 완전했다고는 할 수 없지만 노부나가는 누구보다도 먼저 병농분리를 목표로 행동에 나선 사람이라는 점은 확실합니다.

노부나가의 예치사상

오다 노부나가의 또 다른 혁명 사상은 '예치사상預治思想'입니다. '예치'는 글자 그대로 '맡아서 다스린다'는 의미입니다. 천황으로부터 통치 권한을 부여받은 쇼군이 다이묘나 가신들에게 통치 권한을 나누어 준다는 발상입니다. 에도 막부 말기, 실권을 상실한 막부는 통치의 정당성을 재확인하기 위해 "쇼군은 천황으로부터 국정을 위임받아

나라를 통치한다.”는 ‘대정 위임론大政委任論’을 구상한 적이 있는데, 이는 예치사상과 상통하는 이론입니다.

노부나가는 예치사상을 추진해 수직적인 관료제를 정비하고, ‘모든 땅은 천황의 소유이니 사유지는 존재하지 않는다’는 주장을 퍼트렸습니다. 이는 고대 율령제와 유사한 사고방식인데, 저는 유럽의 군주제를 동양식으로 재해석한 개념일 수도 있다고 생각합니다. 유럽의 절대군주제는 국왕의 통치권은 신에게서 부여받았다는 발상에서 정당성을 확보했습니다. 이를 일본식으로 해석한 것이 노부나가의 예치사상입니다.

당시 무사들의 눈에는, 이런 노부나가의 사상은 그야말로 혁명적이었을 것입니다. 그런데 동시대를 사는 사람들이 반드시 혁명을 환영하는 건 아닙니다. 오히려 심히 성가시게 여길 수도 있습니다. 노부나가의 가신이라고 해도, 조상에게서 물려받은 땅을 소중히 지켜 왔던 무사들은 노부나가에게 큰 배신감을 느꼈을 것입니다. 노부나가의 가신이 아닌 무사들은 노부나가가 무엇을 목표로 하고 있는지 이해조차 할 수 없었을 것입니다.

아케치 미쓰히데, 그는 누구인가

오다 노부나가는 앞서 언급했듯이 쇼군 요시아키의 도모 막부에 붙은 아케치 미쓰히데에게 죽임을 당했습니다. 미쓰히데라는 인물은 사실 언제 태어났는지가 분명하지 않습니다. 몇 가지 가설이 있는데, 55세에 사망했다는 유력한 가설에 따르면 노부나가보다 5년 먼저 태어났습니다. 그는 미노 도키 가문 출신으로, 원래 막부 관료였다고 합니다. 호소카와 후지타카 등과 인연이 깊었고, 유랑하다가 에치젠의 이치조다니 관에 머물 때 아사쿠라 가문에 의지하던 요시아키와 조우했던 것으로 추정됩니다.

1568년 7월. 미노의 류쇼지 사찰에서 아시카가 요시아키와 오다 노부나가가 대면합니다. 그리고 요시아키는 노부나가의 후원으로 쇼군 자리에 오릅니다. 아케치 미쓰히데는 쇼군 요시아키를 섬기던 와중에 노부나가의 휘하로 들어간 것 같습니다. 1573년 요시아키가 노부나가와 맞서기 위한 거병을 일으켰을 때, 미쓰히데는 요시아키를 배반하고 후지타카와 함께 노부나가의 가신이 됩니다.

이후 단바 공격과 주코쿠 공격 등, 무력으로 천하를 평정하겠다는 노부나가의 '천하포무天下布武' 사업의 중책을 맡아 오다 세력 내에서 사실상 2인자로 올라섭니다. 그런데 1582년 6월 2일, 혼노지 사찰을 습격해 노부나가를 죽입니다. 결과적으로 아케치 미쓰히데가 노부나가를 섬긴 기간은 1568년을 기준으로 겨우 14년에 불과합니다.

히데요시, 노부나가의 뒤를 잇다

최종적으로 아케치 미쓰히데는 야마사키 전투山崎の戦い에서 도요토미 히데요시에게 패하고 목숨을 잃습니다. 히데요시는 사실상 노부나가의 후계자로, 도요토미 정권을 구축합니다. 히데요시는 1554년 18살 때부터 노부나가를 섬겼다고 합니다. 1561년 네네와 결혼한 히데요시는 무사 계급 중 가장 최하단 상비군인 '아시가루足輕'의 대장

으로 시작해 노부나가가 득세하자 덩달아 본인도 출세했습니다. 노부나가 휘하 무장 중 가장 먼저 성城을 소유하게 된 무장이기도 합니다.

1572년에는 히데요시는 성姓을 '하시바'로 바꿉니다. 노부나가의 '천하포무' 전쟁 도중 미쓰히데와 마찬가지로 주코쿠 지방 공략을 담당합니다. 1580년에는 하리마 지역의 미키 성을 함락하는 등 눈부신 공적을 쌓습니다. 혼노지의 변 때는, 모리씨가 관할하는 빗추 지역의 다카마쓰 성을 공격하다가 그 소식을 듣습니다. 당시 히데요시는 46살이었습니다. 히데요시는 즉시 교토로 향했고, 6월 13일 야마자키 전투에서 미쓰히데를 격파합니다. 노부나가 사후의 처사를 결정하는 '기요스 회의'에서, 오다 가문을 계승할 노부나가의 장손 산보시의 후견인이 되어 노부나가의 후계자 자리를 노립니다. 오다 가문의 고관이었던 시바타 가쓰이에 등을 꺾고, 1585년 49세에 간파쿠 나이다이진(關白内大臣, 관백내대신)이 됩니다. 게다가 이듬해에는 천황에게서 '도요토미'라는 성姓을 하사받고, 다이조다이진(太政大臣, 태정대신)으로 취임합니다. 드디어 천황을 모시는 신하位人臣 중 가장 높은 지위에 올랐습니다.

미쓰히데와 히데요시

아케치 미쓰히데와 도요토미 히데요시를 비교하겠습니다. 먼저 오다 노부나가를 섬긴 기간을 따지면, 히데요시가 아케치 미쓰히데의 갑절이나 됩니다. 미쓰히데가 노부나가를 만난 건 40대입니다. 한편 히데요시는 감성이 풍부한 청년기 시절부터 노부나가를 섬겼고, 노부나가에게 느끼는 친밀감의 정도가 완전히 달랐을 것입니다. 히데요시는 노부나가를 존경했고 동경했으며 진심으로 충성했습니다. 반면 미쓰히데는 나름 객관적인 시선으로 노부나가를 보았을 것이고, 쇼군 요시아키를 섬긴다는 의식이 확고했습니다.

노부나가가 히데요시의 정실 네네에게 보낸 편지가 전해집니다. 히데요시의 외도를 걱정하는 네네에게 실로 자상한 마음을 전하고자, "대머리 쥐(히데요시)의 부인 역할을 감당할 수 있는 사람은 당신밖에 없다."라는 글을 남깁니다. 여기서 히데요시를 향한 노부나가의 감정을 엿볼 수 있습니다. 노부나가는 히데요시를 가족처럼 친밀하게 여겼고 동지의 유대감을 공유했습니다. 반면에 미쓰히데의 능력을 인정하여 그를 등용하긴 했으나 히데요시만큼 깊은 애정을 주지는 않았습니다.

정치적 관점에서 보면, 미쓰히데는 옛 지배 시스템인 무로마치 막부의 슈고 영국제를 옹호했습니다. 따라서 아시카가 요시아키에게 다소 우호적인 입장이었습니다. 그러나 현실에서는 오다 노부나가에게 추방당한 요시아키와 이별을 하고, 노부나가의 가신으로 중용되어 그를 따라야 했습니다. 그 딜레마가 정점에 이르렀을 때, 요시아키가 만든 제2차 노부나가 포위망에 가담하여 노부나가를 타도하겠다는 큰 결단을 내리게 됩니다.

반면 히데요시는 어디까지나 노부나가의 정치 노선을 추구했습니다. 이에 관한 자세한 내용은 제10장에서 언급하겠습니다. 어느 나이에 이르러 무장으로서의 경력을 쌓자 히데요시도 노부나가를 객관적으로 볼 수 있게 되었고, 몇 명 가신에게 배신당한 노부나가의 전철은 밟지 않겠다고 다짐합니다. 하지만 정치 노선은 역시 노부나가가 걸어간 중상주의·중앙집권적 행보를 이어갔습니다. 그리고 다이묘와 무사 중심의 호사스러운 아즈치·모모야마 문화를 발전시킵니다.

이에야스가 바라본 미쓰히데·히데요시

한편 도쿠가와 이에야스는 아케치 미쓰히데와 도요토미 히데요시를 어떻게 바라봤을까요? 이를 직접 알려준 내용은 좀처럼 보이지 않습니다. 원래 오다 가문과 도쿠가와 가문은 별개의 가문이라 그다지 접점이 없었습니다. 이에야스는 오다 노부나가를 순순히 따르고는 있었으나 노부나가의 가신이 아니라 동맹 관계를 맺은 입장이었으니, 가신인 미쓰히데나 히데요시와 본인의 격이 다르다고 생각했습니다.

이에야스는 태어나면서부터 구니슈였습니다. 이마가와 가문의 휘하에 있었다고는 하지만 가신이 아니라 독립된 존재였습니다. 훗날 센고쿠 다이묘가 되었고, 노부나가의 동맹 상대가 되었습니다. 처음에는 동맹 관계였지만 노부나가가 상경해서 공권력을 행사하게 되자, 주군과 가신의 관계에 가까워졌다고 보는 견해도 있습니다. 그러나 이에야스의 장남 마쓰다이라 노부야스의 아내로 노부나가의 딸 도쿠히메를 맞이하자 이에야스와 노부나가는 사돈지간이 됩니다.

히데요시와 미쓰히데는 노부나가를 섬긴 시기와 길이가 다르지만 둘은 어디까지나 가신이었습니다. 노부나가의 동맹 상대였던 이에야스와는 입장이 전혀 달랐습니다. 또한 혼노지의 변이 발발했을 때, 이에야스는 미카와·도토미·스루가 세 지역을 아우르는 다이묘였습니다. 모든 면에서 미쓰히데나 히데요시를 능가했습니다.

만약 혼노지의 변이 일어나지 않는다면 미쓰히데나 히데요시가 이에야스보다 높은 위치를 차지하는 일은 일어나지 않았을 것입니다.

제**9**장

혼노지의 변,
그 내막과 파문

'혼노지의 변'을 둘러싼 의문

이제 혼노지의 변을 이야기하겠습니다. 에도 시대부터 오늘날까지, 일본 내에서 제일 유명한 암살사건은 바로 혼노지의 변입니다. 이를 두고 사람들이 여러 의견을 제시하며 여전히 논쟁하고 있습니다. 예전보다 사료도 상당히 많이 발견되었고 연구 환경도 개선되었습니다만 아직 모두가 납득하는 결론은 없습니다. 대략적으로나마 요약하자면 혼노지의 변을 주모한 자는 아케치 미쓰히데입니다. 이 사실을 부정하는 연구자는 현재로서 드뭅니다. 또한 야사를 바탕으로 한 소설 등을 근거로 "아케치 미쓰히데가 오다 노부나가의 꾸짖음을 받고 그 원한으로 살해했다."라는, 단순 원한설을 제시하는 사람도 더는 존재하지 않습니다.

관건은 미쓰히데의 단독 습격 여부입니다. 협력자 혹은 배후 주모자, 미쓰히데가 모반을 결정한 이유, 모반의 동기 등이 아직도 의문투성이입니다. 저는 혼노지의 변을 연구한 많은 자료를 살폈습니다. 이에 따라 혼노지의 변을 다양한 각도에 비추어 해석하겠습니다.

노부나가를 둘러싼 두 가지 갈등

먼저 혼노지의 변을 둘러싼 '두 개의 대립'을 살펴봐야 합니다. 하나는 노부나가와 조정의 대립입니다. 최근에는 '노부나가와 조정은 애초에 대립하지 않았다'는 가설도 많이 보입니다. 혼노지의 변 직후, 조정과 구게(公家, 공가, 천황을 섬기는 귀족 집안)는 아케치 미쓰히데에게 접근해 그의 비위를 맞춥니다. 그런데 미쓰히데가 히데요시에게 습격을 당하자 미쓰히데와 접근했던 흔적을 없애고 바로 히데요시 편으로 돌아섭니다.

즉 그 시대의 그들은 그런 존재였습니다. 그들의 증언이나 기록을 그대로 받아들여 '노부나가와 대립이 없었다'고 주장하면 안 됩니다. 그 시대의 사료를 보이는 그대로 믿는 건 잘못된 접근이라 할 수 있습니다.

노부나가와 조정의 대립

오다 노부나가와 조정의 대립을 확인할 수 있는 '근거'는 세 가지입니다. 첫째, 노부나가는 사네히토 친왕의 아들인 고노미야를 양자*로 들여 스스로 태정천황太上天皇, 즉 상황上皇이 되려고 했습니다. 사네히토 친왕은 오기마치 천황의 아들로 태어난 황태자였고, 노부나가는 오기마치 천황에게 사네히토 친왕의 옹립을 요구했다고 합니다.

＊　형제나 친척 또는 혈연관계가 없는 타인의 아이를 자신의 자식으로 삼는 것이다. 노부나가는 사네히토 친왕의 아들을 양자로 들였고, 오기마치 천황에게 사네히토 친왕의 옹립을 요구했다고 한다.

여하튼 고노미야는 실제로 노부나가의 양자가 되었고, 훗날 고이훗 친왕興意法親王이라고 불리었습니다.

태정천황을 일본에서는 '치천의 군治天の君(상황)'이라고 부릅니다. 태정천황은 고대 말기부터 중세에 이르기까지 일본 황실의 당주이자 천황가의 가장이었습니다. 노부나가가 이 자리를 탐낸 건 새로운 국가를 만들기 위함이었을 것입니다.

둘째, 아즈치 성에 천황이 거처하는 교토 고쇼御所의 세이료 전淸涼殿*과 같은 건물을 만들어 천황을 모시려 했습니다. 이는 아즈치 성을 발굴·조사하며 드러난 사실입니다. 아즈치 성 내부에 천황 거주용으로 만들었을 거라 예상되는 장소에서, 세이료 전의 기둥과 동일한 간격의 기둥 구멍이 발견되었습니다. 천황을 아즈치 성으로 모시기 위한 건물이었다는 견해도 있으나 노부나가는 아즈치를 새로운 도읍지, 자신이 구축하는 신국가의 수도로 삼고자 했습니다. 그렇다면 단순히 천황의 몸만 모셔 옮기는 게 아니라 사실상의 천도를 염두에 둔 것입니다.

마지막 셋째, 노부나가는 조정의 달력 문제에 개입했습니다. 노부나가는 무로마치 시대 이후 이즈의 미시마 신사가 발행하는 '미시마력三島曆'을 사용해야 한다고 주장한 적이 있습니다. 현대인은 이해하기 어렵겠지만 달력을 만들고 선택하는 건 시간을 지배한다는 의미와 연결됩니다. 따라서 천황만이 달력을 만들고 선택할 수 있습니다. 조정은 노부나가의 달력 문제 개입을 용납할 수 없었습니다.

---

* 교토 고쇼 건물 중 천황이 일상생활을 하는 건물이다.

이런 노부나가의 행동 때문에, 조정에서는 노부나가를 향한 분노와 경계심이 높아졌습니다. 고노에 사키히사가 사네히토 친왕을 아군으로 삼아 노부나가를 교토로 유인한 다음, 조정에 마음이 남은 아케치 미쓰히데에게 노부나가를 죽이게 하는 계략을 세웠습니다. 이때 '노부나가 포위망'으로 노부나가와 항쟁을 이어가던 쇼군 아시카가 요시아키가 협력합니다. 어쩌면 이 작전을 주도한 사람이 요시아키였는지도 모릅니다. 요시아키는 미쓰히데가 노부나가를 쓰러뜨리면 도모노우라에서 상경하여 무로마치 막부를 재흥하려고 계획했기 때문입니다.

노부나가와 예수회의 결별

혼노지의 변을 둘러싼 또 다른 대립은 오다 노부나가와 예수회 혹은 스페인과의 대립입니다. 1580년 1월, 스페인은 포르투갈을 병합(이베리아 연합)하여 그 영토가 세계를 뒤덮을 만큼 넓어졌습니다. 이른바 '태양이 지지 않는 나라'라고 불렸습니다. 스페인은 포르투갈이 보유한 일본에서의 권익도 확보하고자 이탈리아 출신 예수회 선교사 알레산드로 발리냐노Alessandro Valignano에게 일본과의 교섭을 맡깁니다.

예수회 소속 동아시아 순찰사로 1579년에 일본을 방문한 발리냐노가, 1581년 2월 오다 노부나가의 '우마조로에馬揃え'에 참가했다는 기록이 있습니다. 우마조로에는 군대의 말을 한곳에 모아 훈련 상황을 검토하고 우열을 나누는 행사인데, 노부나가가 자신의 군사력을 무사와 교토 사람들 그리고 조정에 과시하기 위한 시연이었습니다.

발리냐노를 초청한 건 예수회와 그 배후에 있는 스페인에 자신과 아즈치 정권의 군사력을 과시하기 위함이었습니다.

이후 발리냐노는 아즈치로 가서 노부나가와 협상합니다. 그런데 협상이 결렬된 것으로 추정되며, 발리냐노는 7월 15일 아즈치를 떠납니다. '결렬'을 확신하는 이유는, 발리냐노가 떠난 직후 노부나가가 소켄지 사찰에서 자신을 '신'으로 모시라고 가신들에게 명령했기 때문입니다. 이는 명백히 크리스트교를 부정하는 행위입니다. 노부나가는 예수회와 결별하겠다는 뜻을 분명하게 선포한 셈입니다.

크리스트교를 마음에 둔 자는 노부나가 형상 앞에서 예를 갖추지 않았습니다. 이를 이용해 숨어있는 크리스천을 찾아낼 수도 있었습니다. 발리냐노와의 협상이 결렬된 이후 노부나가는 크리스트교와 예수회를 부정하는 행동을 했습니다. 예수회 선교사이자 역사서 《일본사》 등으로 많은 기록을 남긴 루이스 프로이스는 이런 노부나가의 행동을 맹렬히 비난했습니다.

예수회 선교사 발리냐노의 편지

발리냐노와 오다 노부나가의 협상 내용은 무엇이었을까요? 스페인 국왕이 노부나가에게 몇 가지를 요청했는데 노부나가가 이를 수용할지 말지를 결정하는 협상이었다고 예상합니다. 요청 중 하나는 명나라 출병이고, 또 다른 하나는 영국·네덜란드와 같은 프로테스탄트 국가와의 단교입니다. 스페인은 가톨릭 국가이고 예수회는 가톨릭 조직이니 두 번째 요구사항은 타당합니다. 그들은 프로테스탄트 국가인 영국·네덜란드와 대립했습니다. 그들의 힘을 꺾기 위해 노부나가에게 단교를 요구할 법도 합니다.

문제는, 명나라 출병 안건입니다. 사실 스페인과 포르투갈은 이전부터 명나라의 식민지화를 계획했고, 이를 위해 일본을 이용하고자 했습니다. 혼노지의 변이 있고 반년 후인 1582년 12월 14일, 발리냐노는 마닐라에 머물던 스페인 총독에게 명나라를 식민지화할 계획을 적은 편지를 보냅니다. 여기에 "일본이 도움이 될 것이다."라는 구절을 덧붙였습니다. "노부나가는 명나라 출병을 거부했으나 그의 뒤를 이은 도요토미 히데요시가 명나라 출병을 수락했으니 스페인 국왕의 뜻이 이루어질 것 같다."라는 내용이었습니다. 이미 이 단계에서, 히데요시는 기요스 회의의 리더이자 노부나가의 손자 산보시의 후견인으로 오다 가문 최고의 실력자가 되어 있었습니다. 발리냐노는 히데요시가 다음 천하인이 되면 노부나가가 거부한 명나라 출병 제안을 분명 받아들일 것이라고 확신했습니다.

예수회, 히데요시를 주목하다

오다 노부나가가 예수회와 결별하자 크리스천 다이묘들과 남만 무역 관계자들은 당연히 이에 반대합니다. 노부나가는 절대적인 권력자였지만 그 권력의 원천은 남만 무역이었습니다. 따라서 아즈치 정권의 근간이 매우 취약해집니다. 당시 히데요시를 비롯한 노부나가 휘하의 무장들은 모리 가문 등 적대 세력과의 군사 항쟁을 끊임없이 벌이고 있었습니다. 동시에 정권 내부에서는 무역을 둘러싼 정치 정세가 불안해지기 시작합니다.

한편 노부나가와 대립한 예수회 관계자들은 '노부나가와 천황의 조정 사이에 갈등이 있고, 조정이 노부나가를 죽이려고 한다'는 동태까지 감지하고 있었습니다. 오다 가문을 비롯해 여러 다이묘 가문과 조정에도 숱한 크리스천들이 있었으니 상당히 많은 정보를 알았을 겁니다. 예수회는 '시메온'이라는 세례명을 지닌 구로다 간베에를 주목했습니다. 간베에는 히데요시 산하에서 주코쿠 공격에 참가했던 크리스천입니다. 예수회는 간베에의 주선으로 히데요시와 연락했습니다. 혼노지의 변으로 미쓰히데가 노부나가를 죽인 다음에는, 히데요시를 이용해 미쓰히데를 처리할 계략을 세웁니다.

예수회 입장에서는 혼노지에서 노부나가가 쓰러지면 좋겠으나 아케치 미쓰히데가 살아남아 무로마치 막부가 재흥하는 건 곤란했습니다. 가장 바람직한 건 노부나가의 노선을 계승할 히데요시가 그 뒤를 잇는 것이었습니다. 히데요시는 동생 하시바 히데나가를 통해 호소카와 후지타카와 연락을 주고받았고, 무사히 미쓰히데를 타도했습니다. 그리고 혼노지의 변에 고노에 사키히사와 사네히토 친왕이 관여했다는 증거를 확보하고, 이를 무기로 이용해 조정을 흔들었습니다. 약점이 잡힌 조정은 히데요시에게 양보하지 않을 수가 없었습니다. 여기까지 이해하면, 히데요시가 심상치 않게 재빠르게 출세한 과정도 납득할 수 있습니다. 히데요시는 혼노지의 변이라는 뜻밖의 기회를 얻어 천하를 제패하기 위한 패도를 질주했습니다.

혼노지의 변 이후의 이에야스

한편 이에야스는 혼노지의 변이 일어났을 당시, 교토를 떠나 사카이에 있었습니다. 사카이 여행을 갔다고 하는데, 물론 철포와 화약을 조달하기 위한 행동이었을 겁니다. 그러다 노부나가의 사망 소식을 듣자, 급히 미카와로 돌아갈 준비를 합니다. 노부나가의 동맹자인 이에야스에게 노부나가를 살해한 아케치 미쓰히데란 반드시 제압해야 할 표적이었습니다. 이에야스는 험하기로 유명한 이가 지역을 경유하여 이세의 시로코(白子, しろこ) 포구에서 배를 탔고, 6월 4일에 오카자키로 무사히 돌아옵니다. 이것이 그 유명한 목숨을 건 도주, '이가고에伊賀越え' 일화입니다.

'이가고에' 루트에 관련하여 여태 확정되지 않은 몇 가지 가설이 난무합니다만 최근 미에 대학의 후지타 다쓰오 교수가 납득할 만한 가설을 하나 내놓았습니다. 이에야스 일행은 험한 이가의 길을 가능한 피하고 싶었을 것이니 이 길을 피해 고가 지방의 와다에서 이가(미에현 서부)의 쓰게柘植로 들어갔다는 주장입니다.

오카자키로 돌아온 이에야스는, 6월 14일에 미쓰히데를 공격하기 위해 오카자키에서 나루미 성으로 출병합니다. 한편 미쓰히데는 12일에 야마자키 전투에서 패배했고, 그 소식은 15일에 이르러서야 나루미 성의 이에야스에게 전해집니다. 이에야스는 그래도 진군을 계속하려고 했지만, 미쓰히데를 무너뜨리고 오다 가문의 실권을 장악한 히데요시는 "교토의 평안을 되찾았다."라고 말하며 이에야스에게 되돌아갈 것을 재촉합니다. 그래서 이에야스는 노부나가의 죽음으로 정치 정세가 불안해진, 옛 다케다 가의 영토인 가이와 시나노

평정에 나섭니다.

노부나가의 죽음은 이에야스에게 큰 충격이었습니다. 이에야스는 노부나가라는 거대한 버팀목을 잃은 일본을 어떻게 다시 일으켜 세울 것인지를 고민하기 시작합니다.

혼노지의 변에서 이에야스가 배운 것

혼노지의 변으로 노부나가는 목숨을 잃었습니다. 혁명으로 일본을 강국으로 키우고자 했던 노부나가의 뜻은 어이없이 좌절됐습니다. 그렇다면 이에야스는 노부나가의 '실패'에서 무엇을 배웠을까요? 노부나가는 예수회·스페인과 손을 잡고 국가 변혁을 목표로 하였으나 최종적으로 그들과 결별했고, 그 결과 혼노지의 변이라는 최후를 맞이합니다. 이 과정을 지켜 본 이에야스는 무엇보다도 예수회와 스페인을 믿을 수 없다고, 그들에게 의지해서는 안 된다고 생각했을 것입니다.

그래서 가톨릭 세력과 라이벌 관계에 있던 프로테스탄트의 나라, 영국·네덜란드에 접근해서 주인선朱印船 무역을 시작합니다. 주인선 무역이란 일본의 지배자가 발행한 허가증 '주인장朱印狀'을 가진 배의 해외무역입니다. 이에야스는 말년에 크리스트교 신앙 금지령을 내리고 죽는 순간까지 크리스트교를 면밀하게 경계했습니다.

'금중병공가제법도'의 의미

또 하나, 조정과 정면으로 맞붙어서는 안 된다는 깨달음도 얻었을 것입니다. 중세 조정은 힘을 잃고 권력만 남았다고 보는 견해도 있습니다만 실제로는 전국시대 후기부터 오다·도요토미 시대에 걸쳐 조정은 노부나가나 히데요시와 같은 실력자들과 미묘한 '힘겨루기'를 하며 정치적 영향력을 발휘하고 있었습니다.

저는 노부나가를 최종적으로 쓰러뜨린 집단은 조정이었다고 판단합니다. 이에야스는 조정과 정면으로 다투면 안 된다는 것을 깨달았을 것입니다. "천황을 정점으로 하는 질서는 중시하되 실제로는 조정을 멀리하여 정치적인 힘을 발휘하지 못하도록 봉쇄해야 한다."라는 이에야스의 생각은, 훗날 '금중병공가제법도禁中並公家諸法度'라는 법령으로 구현됩니다. 한마디로 요약하자면 막부와 조정과의 관계를 확립하기 위한 법령을 제정한 것입니다.

최근에는 도쿄 대학 사료 편찬소의 마쓰자와 가쓰요시 교수처럼 "이 법령은 천황을 '치자治者', 즉 정치적 존재로 인정하고, 천황에게 훌륭한 정치가로 거듭나기 위해 한학을 배우라 요구하는 것"이라 주장하는 사람도 있습니다. 즉 조정 봉쇄를 위한 법령이 아니라는 가설입니다. 금중병공가제법도의 본문을 읽으면, 분명 그렇게 읽을 여지도 존재합니다.

그러나 이 경우의 '치자'란 어디까지나 이념상의 존재이지, 실질적인 권력자를 의미한다고 볼 수는 없습니다. 실제로도 일본 역사에서의 정치 시스템은, 중세 이래로 변함없이 그대로 유지되었습니다. '치자'인 천황으로부터 정이대장군으로 임명된 쇼군이 무가정권(막부)의 중심이 되는 체제가 계속 이어집니다. 따라서 금중병공가제법도는 혼노지의 변에서 조정이 관여한 것과 같은 사달이 다시 발생하지 않도록 조정과 막부의 관계를 거듭 확인하기 위해 제정된 법률입니다.

이에야스와 노부나가의 차이

이에야스는 오다 노부나가의 혁명사상을 그대로 계승하지 않고 수정·보완합니다. 앞서 설명한 것처럼 노부나가는 전국의 다이묘들과 그 가신들을 조상으로부터 물려받은 땅에서 떼어놓습니다. 그리고 고대 이후 이어진, 토지는 모두 국가(천황)의 것이라는 공지공민제에 가까운 시스템을 만들려고 했습니다. '시로와리'라는 이름의 무장해제 정책을 추진했고, 토지 조사를 시행해 영토의 생산량을 확정하며, 병농분리 작업에 착수했습니다. 이는 히데요시와 이에야스도 계승하고 재확립한 정책들이었습니다.

그러나 이에야스는 노부나가가 설계했고 히데요시가 계승한 중상주의·중앙집권적 정책은, 이미 여러 차례 언급했듯이 따르지 않았습니다. 이에야스는 무로마치 시대의 슈고 영국제를 부활시켰습니다. 농본주의·지방분권적 통치를 기본으로 하는 막번 체제幕藩體制를 형성합니다. 물론 부활이라고 해도, 과거의 형태를 그대로 답습한 건 아니었습니다. 노부나가의 혁명 노선에서 배울 것은 배우며 이에야스 본인만의 '나라 만들기'에 전념했습니다. 이른바 혼합형 정치 체제를 구축했다고 평가할 수 있습니다.

또한 노부나가의 실패를 지켜보며, 아무리 숭고한 이상을 추구해도 성급하게 진행하면 실패한다는 깨달음을 배웁니다. 이에야스는 본인의 〈동조궁어유훈〉에서 "먼 길을 가는 것과 같이 서두르지 마라." 라고 말을 남기는데, 이는 이에야스의 깨달음이 반영된 유언이라 할 수 있습니다.

제10장

도쿠가와 이에야스,
난세의 패자에서
진정한 왕으로 거듭나다

덴쇼진고의 난

다시 오다 노부나가가 죽은 직후로 되돌아가겠습니다. 혼노지의 변 이후 야마자키 전투에서 아케치 미쓰히데를 쓰러뜨린 히데요시는 이에야스에게 옛 다케다의 영토였던 가이·시나노를 확보할 것을 의뢰합니다. 그곳은 노부나가의 가신들이 지배하던 곳인데, 노부나가가 죽자 아즈치 정권을 따르던 현지의 구니슈와 다케다의 옛 신하들이 반기를 드는 등 일대에 불안한 기류가 흘렀기 때문입니다. 이에야스는 1582년 7월 3일에 하마마쓰 성을 떠나 고후로 향합니다.

그런데 이 와중에, 간토의 호조 가문과 에치고의 우에스기 가문이 고즈케·가이·시나노를 지배하겠다고 욕심을 내서 전쟁이 발발했습니다. 혼노지의 변 이후 다케다의 옛 영지를 둘러싸고 일어난 1582년의 분란을, 역사학자 히라야마 유는 '덴쇼진고의 난天正壬午'이라고 명명했습니다.

가이에 들어간 이에야스는 8월 12일 구로코마 전투黑駒の合戦에서 호조 가문을 쓰러뜨립니다. 그러자 다케다 가문의 옛 신하들은 차례차

례 기청문을 내밀며 이에야스를 따르겠다고 맹세합니다. 당시의 기청문(天正壬午甲信諸士起請文, 덴쇼진고코신쇼시키쇼몬)이 사본 형태로 남아 있어 그 실태를 잘 알 수 있습니다. 도쿠가와 군과 호조 군은 고즈케·시나노·가이·스루가 등 각지에서 교전을 벌이고, 일진일퇴의 공격을 반복했습니다. 호조 가문의 후계자인 호조 우지나오는 와카미코 성으로 진출해 신푸 성으로 이동한 이에야스 군과 대치합니다. 급기야 10월 29일, 우지나오의 아버지이자 호조 가문 최고의 실력자인 호조 우지마사와 이에야스는 화해를 하고는 우지나오와 이에야스의 딸 도쿠히메와의 혼담을 결정합니다. 그제야 덴쇼진고의 난은 막을 내립니다. 결과적으로 이에야스는 가이와 시나노를 영유하게 되어 미카와·도토미·스루가에 더해서 다섯 영토의 태수太守, 즉 다이묘가 되었습니다.

히데요시의 천하

오다 노부나가의 죽음으로, 아즈치 정권은 히데요시를 비롯한 중신들의 패권싸움으로 요동칩니다. 히데요시는 기요스 회의에서 노부나가의 장손 산보시를 오다 가문의 후계자로 내세웠으나 얼마 후 노부나가의 차남 오다 노부카쓰로 후계자를 교체합니다. 이에 불만을 품은 삼남 오다 노부타카가 오다 가문의 중진 시바타 가쓰이에와 손을 잡고 대항합니다. 그러나 히데요시는 1583년 4월 시즈가타케 전투賤ヶ岳の戦い에서 시바타 가쓰이에 세력을 격파, 4월 24일 가쓰이에는 기타노쇼 성에서 자결합니다. 노부타카도 29일에 자결하는 것으로 막을 내립니다.

히데요시는 사실상 오다 정권의 후계자가 되었고, 오다 가문의 가신에서 공권력을 쥔 '천하인'의 자리로 오르려 했습니다. 히데요시의 머릿속에서 오다 가문은 이미 극복한 장애물이었던 셈입니다.

노부나가의 차남 오다 노부카쓰는 제 입지가 고립되자 아버지 노부나가의 동맹자였던 이에야스에게 접근합니다. 덴쇼진고의 난을 마무리한 이에야스는 앞에서 기술한 바와 같이 다섯 영토의 다이묘가 되었고, 항쟁 상대였던 호조 가문과 동맹을 맺으며 영지 동쪽의 군사적 긴장을 해소했습니다. 1584년, 이에야스와 오다 노부카쓰는 히데요시를 상대로 고마키·나가쿠테 전투小牧·長久手の戰い를 벌입니다.

알려지지 않은 '환 – 이세 만 전쟁'

이에야스는 그때까지 히데요시와는 별 접점이 없었고, 덴쇼진고의 난에서는 오다 노부나가 사후를 함께 처리하며 우호적으로 지냈습니다. 그러나 히데요시 때문에 궁지에 몰린 노부카쓰가 도움을 요청한 이상, 이에야스는 모른 척할 수 없었습니다. 이미 노부나가의 후계자로 행동하기 시작한 히데요시를 바라보며, 원래는 그보다 한 수 격이 높았던 이에야스가 속으로 분노와 불만을 품고 있었는지도 모릅니다.

최근 학계에서는 1584년 3월에 시작된 고마키·나가쿠테 전투를 많이 연구하는데, '히데요시와 이에야스의 국지전이 아니라 더 넓은 지역을 무대로 펼쳐진 대규모의 전쟁이었다'는 실태가 밝혀졌습니다. 미에 대학의 후지타 교수가 편집하고 '오다·도요토미 연구회' 소속의 연구자들이 발표한 두 권의 연구서가 이 전쟁을 설명합니다. 이 연구에 따르면 고마키·나가쿠테 전투를, '이세 만을 둘러싼 전쟁'이라는 의미로 '환ー이세 만 전쟁環伊勢湾戦争'이라고 명명합니다. 이세 지역을 무대로 하는 전투도 이 전쟁의 일부였으니, 어떤 연구자는 세키가하라 전투처럼 천하를 얻기 위한 전쟁이었다고 평가하기도 합니다.

계속 번지는 전쟁의 불씨

이에야스는 이 전쟁을 치르는 와중에 기슈의 잇코잇키와 혼간지, 시코쿠의 조소카베 모토치카, 엣추의 사사 나리마사 등과 동맹 관계를 맺습니다. 이른바 '히데요시 포위망'이라고 할 수 있는 진영을 구축했습니다. 이에야스는 히데요시를 쓰러뜨리고 상경하여 오다 노부카쓰를 쇼군 또는 차기 천하인의 자리에 앉힐 생각이었습니다. 일찍이 오다 노부나가가 아시카가 요시아키를 옹립하고 상경했던 때처럼 말입니다.

4월 9일, 전쟁 초반부에 발발한 나가쿠테 전투長久手の戦い에서 이에야스는 히데요시의 조카 하시바 히데쓰구가 이끄는 대군을 격파해 실제로 약 10,000명의 군을 무찔렀다고 합니다. 이후 고마 주변에서 큰 충돌은 없었으나 이에야스가 설치해둔 히데요시 포위망이 작동하기 시작했습니다. 히데요시가 고마키에 출전하기 직전에, 히데요시와 대결 구도를 이루고 있던 기슈의 사이가슈(雑賀衆, 사이가 지역에서 활동한

용병집단)와 고가와지 사찰의 승려들이 기시와다 방면에서 히데요시를 공격하기 시작했습니다. 이로 인해 오사카는 큰 피해를 봤습니다. 기슈의 세력은 고마키·나가쿠테 전투가 시작된 후에도 이에야스와 손을 잡고, 남쪽에서 히데요시를 계속 위협했습니다.

간토에서는 이에야스와 동맹을 맺은 호조 가문이 고즈케로 진출했고, 이 해 5월부터 8월까지 걸쳐 히데요시 측에 붙은 사타케 요시시게·우쓰노미야 구니쓰나와 누마지리에서 충돌합니다. 이를 누마지리 전투沼尻の合戰라 합니다. 한편 도사의 조소카베 모토치카는, 히데요시가 시코쿠에 파견한 센고쿠 히데히사의 군을 무찌르고 6월 11일에는 소고 성을 함락해서 사누키(가가와현)를 차지합니다. 이를 소고 성 전투十河城の戰い라 합니다.

히데요시 편에 붙었던 다키가와 가즈마스는 6월 16일에 오와리의 가니에 성을 무너뜨립니다. 가니에 성은 오다 노부카쓰가 거처하는 이세 나가시마 성과 이에야스가 진을 치고 있는 기요스 성을 연결하는 지점에 있었습니다. 노부카쓰와 이에야스는 가니에 성 탈환을 도모해 7월 3일에 빼앗는 데에 성공합니다. 가니에 성 전투蟹江城合戰에서 노부카쓰와 이에야스에게 패배한 다키가와 가즈마스는 이세로 도망칩니다. 9월 9일에는 사사 나리마사가 히데요시 편에 붙은 노토(이시가와현 북부)의 스에모리 성을 공격합니다. 그런데 스에모리 성 전투末森城の戰い에서, 히데요시 편의 마에다 도시이에가 즉시 도와준 바람에 나리마사는 어쩔 수 없이 퇴각했습니다.

환-이세 만 전쟁의 여파로 분쟁이 여러 지역으로 확산됐습니다. 결국 오다 노부카쓰의 본거지인 이세를 위협한다는 히데요시의 계책은 성공했고, 11월 12일에는 노부카쓰는 이에야스와 한마디 상의도 하지 않고 히데요시와 화해합니다. 이가 지역과 이세 지역의 절반을 히데요시에게 할양한다는 조건으로 말입니다. 전쟁의 대의명분을 잃은 이에야스는 11월 17일에 미카와로 돌아갑니다.

이에야스는 나가쿠테에서의 국지전에서 빛나는 승리를 거두었으나 히데요시와의 외교전에서 패배했습니다. 이후 히데요시가 이에야스에게 상경해 복종하라 요구하긴 했으나 이에야스는 이에 응하지 않습니다. 그런데 1586년에 히데요시가 본인의 여동생 아사히히메를 이에야스에게 시집보내고, 나아가 친모 오만도코로를 이에야스에게 맡기는 등 이에야스를 회유하려고 노력했습니다. 끝내 이에야스는 상경하여 "히데요시의 신하로서 따르겠다."라고 맹세합니다. 이후 이에야스는 도요토미 정권의 유력 다이묘로서 규슈 공격, 오다와라 공격, 도호쿠 처벌 등 히데요시의 천하통일 사업을 지원합니다. 그리고 1590년 7월, 이에야스는 간토로 봉토를 옮겨 에도를 본거지로 정비합니다. 간토 각지에 가신단을 배치하고 새로운 영토를 경영하기 시작한 것입니다.

히데요시의 정치관

히데요시는 오다 노부나가의 정치 철학, 즉 혁명 노선을 계승했다고 이미 언급했습니다. 그러나 혼노지의 변으로 노부나가의 꿈이 좌절하자, 히데요시도 노부나가의 실패에서 무언가를 깨달았습니다. 조정을 적으로 돌리면 안 된다는 것입니다.

히데요시는 되려 조정에 접근하여, 관직 임관의 방식으로 조정과 타협하려고 했습니다. 오다 노부나가는 우다이진(正二位右大臣, 정2위 우대신)까지 승진했으나 이듬해 사직하고 죽을 때까지 관직에 오르지 않았습니다. 그러나 히데요시는 야마자키 전투에서 승리한 이후 재빨리 신분 서열官位을 올려, 1585년에는 마침내 간파쿠의 지위를 차지합니다. 히데요시는 스스로 간파쿠가 되어 조정의 정점에 섰고, 나아가 이에야스를 비롯한 전국 다이묘들에게도 벼슬을 내려 본인을 정점으로 하는 새로운 체제에 편입하려고 했습니다. 1588년 4월, 히데요시는 간파쿠 정권의 관청으로 슈라쿠다이聚樂第를 건설하고, 고요제이 천황의 행행行幸*을 주선합니다. 그리고 천황이 보는 앞에서, 노부카쓰와 이에야스를 중심으로 여러 다이묘에게서 충성을 확인하는 서약을 받습니다. 이 직전에 히데요시는 동생 하시바 히데나가, 조카 히데쓰구, 그리고 친척인 우키타 히데이에와 이에야스에게 나란히 '세이카淸華'라는 귀족 가문의 지위를 부여했습니다. 세이카는 일본 최초의 셋칸(攝政·關白, 섭정·관백) 가문이자 구게 중 최고의 가문인 후지와라 셋칸 가문藤原攝關家에 버금가는 귀족 가문입니다.

히데요시는 구게의 자격을 이용해 종1위 간파쿠 다이조다이진(從一位關白太政大臣, 관백 태정대신)인 자신 밑으로 다이묘들을 서열화하여 일본을 통치하는 시스템을 만들었습니다. 이 이야기는 고쿠가쿠인 대학 야베 겐타로 교수가 '무가관위제武家官位制'를 연구하며 명확해졌습니다. 그런 와중에 이에야스는 고마키·나가쿠테 전투에서 히데

---

* 왕이 대궐 밖으로 외출하는 것을 의미한다.

요시에게 패배한 후 결국에는 히데요시에게 복종하기를 택했습니다. 이를 두고, 어떤 사람들은 도쿠가와 이에야스가 다른 다이묘들보다는 상대적으로 자립적인 존재였다고 주장합니다. 하지만 무가관위제의 맥락을 고려하면 히데요시에게 복종했다는 건 도요토미 히데요시 정권의 유력 다이묘로 완전히 자리매김했다는 사실을 의미합니다.

한편 히데요시는 자신이 실은 천황의 '서자'였다는 전설을 만들어서 유포하려고 했습니다. 정권의 대변인과 같은 위치에 있었던 오무라 유코가 기술한 《덴쇼기天正期》에 이를 암시하는 내용이 있습니다. 히데요시가 천황과 조정의 권력에 직접 다가가 이를 통치에 이용하려는 뜻이 있었음을 알 수 있습니다.

히데요시의 정책 방침

히데요시는 대체로 노부나가를 모방했습니다. 노부나가의 '시로와리' 정책 이후 무장해제를 추진하고자 도수령을 실시합니다. 토지 조사도 강화하여 동일한 기준으로 전국 농지의 생산량을 조사하는 태합검지太閤檢地를 실행합니다. 공지공민제를 활용해 병농분리를 추진하고자 했던 것입니다. 그리고 규슈 공격, 오다와라 공격, 도호쿠의 오슈 처벌로 천하통일 사업을 완성합니다. 히데요시는 '히데요시 평화령'이라는 '총무사령惣無事令'을 선포하여, 센고쿠 다이묘들 간의 사사로운 투쟁을 금지합니다.

전국시대사 연구 중에는 고故 후지키 히사시의 연구가 유명합니다. 그의 연구에 따르면, 히데요시는 다이묘들에게 간파쿠인 본인에게 절대복종할 것을 요구했고 간파쿠의 이름으로 시시비비를 따질 것이니 무력을 통한 문제 해결을 금지했습니다. 총무사령은 '법률'이 아니라, 여러 다이묘 사이에서 발생한 갈등을 히데요시가 직접 판단하겠다는 뜻을 밝힌 것에 불과하다는 견해도 있어서 의견이 분분합니다. 다만 다이묘들 사이의 분쟁을 공권력(히데요시 정권)이 해결하겠다는 발상 자체는 매우 획기적이라고 평가할 수 있습니다.

히데요시와 예수회

예수회·스페인과 히데요시의 관계는 원래 미묘했고, 혼노지의 변 이후에는 상극이었습니다. 그런데 1586년 3월, 히데요시는 예수회의 일본 지부장이었던 포르투갈 출신 가스파르 코엘류_{Gaspar Coelho}에게 "명나라에 출병하겠다."라고 밝히고는 포교의 자유를 인정했습니다. 제8장에서 지적한 것처럼 이는 혼노지의 변이 발생했을 당시 약속했던 내용인데, 히데요시는 그 약속을 지켰습니다. 그렇지만 히데요시도 노부나가와 마찬가지로 어떻게든 크리스트교 세력을 제압해 그들의 영향력을 꺾으려 했습니다.

히데요시는 예수회의 땅 나가사키가 요새화된 현실을 목격하고, 더불어 크리스천 이외의 일본인이 노예 신분으로 해외에 팔려나가고 있다는 사실을 파악했습니다. 1587년 6월 19일, 규슈 공격을 위해 지쿠젠(후쿠오카현 북서부)에 체재 중이던 히데요시는 예수회 선교사들의 활동을 제한하고자 '바테렌 추방령'을 발표합니다. 그런데 이 추방령이 느슨한 감이 있는데, 다이묘의 크리스트교 개종을 제한하는 것 등이 목적이었다고 추정합니다.

히데요시가 추방령을 발표하기 일 년 전, 코엘류와의 회담에서 명나라 출병을 염두에 두고 서양의 대형 군함 두 척을 빌리겠다고 요구했습니다. 예수회는 히데요시에게 명나라 출병을 의뢰하기는 했으나 어디까지나 서구의 명나라 침략을 지원하라는 의미였습니다. 히데요시가 주도권을 확보하는 건 곤란한 탓에 군함 대여를 꺼렸습니다. 이런 전후 맥락을 고려할 때, 히데요시의 바테렌 추방령은 군함을 입수하기 위한 흥정이었는지도 모르겠습니다.

히데요시는 1591년 1월(윤달) 8일, 슈라쿠다이에서 발리냐뇨와 함께 '덴쇼 소년사절단天正遣歐使節團'*을 만납니다. 바테렌 추방령은 이때 철회되었을 것으로 추정합니다. 한편 임진왜란은 1592년 음력 4월 13일부터 1598년 음력 11월 19일까지 이어졌습니다. 히데요시는 예수회·스페인·크리스천 세력을 제압하려고 했으나 결국 뜻을 이루지 못한 채로 조선과의 전쟁에 돌입했습니다. 그러다 히데요시는 정유재란 도중 1598년 음력 8월 18일에 생을 마감합니다.

이시다 미쓰나리, 이에야스의 경쟁자로 부상하다

제1장에서 언급한 것처럼 히데요시의 죽음으로 도요토미 정권은 크게 흔들렸습니다. 그 발단이 된 계기는 임진왜란의 실패입니다. 저

---

* 1582년에 예수회가 기획한 사절단으로, 일본에서의 크리스트교 포교를 다시 활성화하기 위한 원조를 요구하고자 유럽에 파견하였다. 오토모 소린·아리마 하루노부·오무라 스미타다 명의로 정사(正使)에 이토 만쇼·지지와 미겔, 부사(副使)에는 나카우라 줄리앙·하라 마르티노 4명의 소년이 선출되었다. 각지에서 대환영을 받았으나 바테렌 추방령 발포로 1590년에 귀국했다.

는 히데요시가 죽은 8월 18일이, 태평양 전쟁에서 패전한 1945년 양력 8월 15일과 다르지 않았다고 생각합니다. 1945년 패전일 당시, 일본 국토는 황폐해져 모두가 절망의 늪에 빠져 있었습니다. 1598년 8월 18일의 일본도 지친 상태였습니다. 특히 서일본 지역은 심각한 상황이었습니다.

두 차례에 걸친 조선 침략에 참전 무사들은 물론 많은 인부가 징용되어 목숨을 잃고 일본으로 귀국하지 못했습니다. 또한 일본에서는 출병 자금을 마련하고자 극심한 소작료를 징수했습니다. 가혹한 세금 탓에 수많은 백성이 경작을 포기하고 고향을 도망쳐 떠돌아다녔습니다. 히데요시가 죽은 후 도요토미 정권 내의 다이묘들은 이 사태를 어떻게 수습할 것인지를 고민해야 했습니다. 그 방침을 둘러싸고 도요토미 정권 내 가신단, 그리고 전국의 다이묘들이 크게 둘로 나뉘었습니다. 쟁점은 '향후 일본을 어떻게 다시 세울 것인가'였습니다.

실무관료였던 이시다 미쓰나리는 히데요시의 정책을 수정·계승하는 노선을 추구했습니다. 물론 중상주의·중앙집권 노선입니다. 남만 무역의 혜택을 누리는 서쪽 지역의 다이묘들이 이시다 미쓰나리를 열렬히 지지했습니다. 크리스천 다이묘와 그들의 배후에 있는 예수회도 미쓰나리의 입장을 지원했습니다.

세키가하라 전투, 천하의 판도를 바꾸다

다이로大老*의 지도자이자 사실상 최고의 실력자였던 이에야스는 어떻게 했을까요? 이에야스는 히데요시의 오다와라 정벌로 황폐해진 240만 석의 간토 지역으로 이주한 후 그곳을 부흥시킨 실력자입니다. 당시 도쿠가와 이에야스는 가신들을 각지에 배치해 현지 부흥에 몸소 임하도록 하고자 농본주의·지방분권적인 정책을 시행했습니다. 이에야스는 이 정책을 전국에 파급해야 한다고 생각했습니다. 이는 이에야스가 자신의 군기에 새긴 '염리예토 흔구정토'의 노선이고, 이 세상을 정토로 만드는데 필요하다고 생각한 방법입니다.

이에야스의 노선에는 가마쿠라·무로마치 시대 이래 이어진, 무가 정권 본연의 자세로 회귀한다는 의미도 포함됩니다. 물론 슈고 영국제를 그대로 부활시키는 게 아니라 다이묘들이 각자 자신의 영토에서 최선을 다하도록 책임을 맡기자는 뜻이었습니다. 이에야스의의 방침은 남만 무역의 혜택을 누리지 못하는 동쪽 지방 다이묘들의 지지를 받았습니다. 지지 세력과 국가 재건 방법을 둘러싼 미쓰나리와 이에야스의 대립은 서일본과 동일본의 대립이라는 색채를 띠게 되었습니다.

이에야스는 자신의 방침을 실현하기 위해 미쓰나리를 꺾는 것은 물론이고 도요토미 가문의 정치 실권을 빼앗아 자신의 새로운 정권,

---

* 도요토미 히데요시 말년에, 자신이 죽은 후 도요토미 정권을 유지하기 위해 어린 적자 히데요리의 후견으로 마련한 직급이다. 오봉행(五奉行)보다 상위에 위치한 최고 고문으로, 오봉행과 합의제로 정권을 운영했다. 다이로는 이에야스를 필두로 마에다 도시이에, 모리 데루모토, 우키타 히데이에, 고바야카와 다카카게(다카카게 사후에는 우에스기 가게카쓰) 등 유력한 다이묘들로 이루어져 있었다. 히데요시 사후, 그의 생각대로는 운영되지 않았다. 서로 대립했으며, 세키가하라 전투를 벌였다.

즉 막부를 개창해야 한다고 생각했습니다. 미쓰나리와 이에야스의 노선 대립은 천하를 분열시킨 세키가하라 전투를 끝으로 결론을 맺습니다. 이때 이에야스와 미쓰나리의 대립에서, 그 틈을 뚫고 어부지리를 획책한 구로다 간베에의 움직임도 은밀하게 존재했습니다. 정권의 중심에서 멀리 떨어진 규슈 후젠 나가쓰에 있던 간베에는, 이시다 미쓰나리가 이끄는 서군西軍의 지원을 받아 가문을 다시 세울 목적으로 거병합니다. 그리고 규슈의 세키가하라 전투라 불리는 이시가키하라 전투石垣原の戦い에서 오토모 요시무네를 무너뜨리고, 그 기세로 규슈 전체를 정벌하려는 듯이 나아갔습니다. 그는 크리스천 다이묘들의 세력을 규합하며 예수회와 스페인의 지지를 받았습니다. 그러나 세키가하라 전투가 불과 하루 만에 결판이 나자, 간베에와 크리스천 세력의 야망은 물거품이 되었습니다.

이에야스는 세키가하라 전투에서 승리하고, 이후 차츰차츰 도요토미 정권으로부터 자립하는 데에 성공했습니다. 그리고 1600년, 마침내 정이대장군으로서 에도 막부를 열기에 이르렀습니다. 이에야스의 승리는 농본주의·지방분권 노선의 승리나 마찬가지였습니다. 정치적으로는 1615년 오사카 전투에서 도요토미 가문을 멸망시켰습니다. 이후 이에야스는 새로운 국가 체제인 막번 체제의 구성 요소로 농본주의·지방분권을 적용합니다.

에도 성과 천하보청 사업

막번 체제의 핵심이며, 전국의 다이묘들이 모범으로 삼아야 할 노

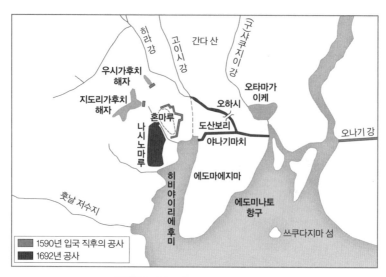

지도11 에도 막부의 에도 정비 사업

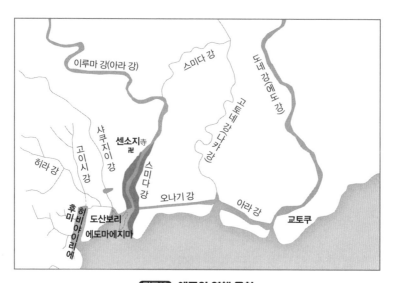

지도12 에도의 연해 운하

출처: 스즈키 마사오鈴木理生, 《에도는 이렇게 만들어졌다江戸はこうして造られた》(치쿠마 학예문고ちくま学芸文庫)

시는 에도였습니다. 수도 에도를 건설하고, 에도의 형태를 전국에 모범 사례로 파급하는 것도 지방분권 정책의 중요한 포인트였습니다. 이 부분은 에도를 비롯한 도시사 연구로 유명한 고故 스즈키 마사오의 연구를 참고하겠습니다.

간토로 근거지를 옮긴 이에야스는 히라 강과 에도미나토 항구로 통하는 도산보리의 땅을 파서 운하를 만드는 일을 가장 먼저 착수했습니다. 이는 에도에 물자 유통로를 확보하기 위한 공사였습니다. 당시에는 수로가 유일한 대량운송수단이었기 때문에 수로 확보는 도시계획의 기본 중의 기본이었습니다. 다음으로 착수한 사업은 히라 강의 물길을 바꾸어 도산보리로 흘려보내는 것, 즉 유로 변경이었습니다. 이로써 에도 성의 성지를 동쪽으로 넓힐 수 있었습니다.

다음 단계로, 이에야스는 에도 성 혼마루의 해자를 설치하고 니시노마루 구획을 정비했습니다. 이어서 스미다 강과 고토네 강(나카 강) 강을 연결하는 오나기 강을 개착開鑿하고, 나카 강과 도네 강을 연결하는 신 강을 개착했습니다.

이에야스는 에도 성 정비 사업을 전국 다이묘들에게 업무를 분담시키는 국가사업의 형태로 진행했고, 이는 제1차 천하보청(天下普請, 1606~1611)과 제2차 천하보청1611~1614으로 나뉘어 시행됐습니다.

이에야스 사후의 에도 개조 계획

이에야스는 1616년 생을 마감하지만 에도 정비 사업은 계속 이어졌습니다. 1622년부터 1641년에 걸쳐 도네 강을 정비했습니다. 도네 강의 물길을 틀어, 도네 강의 동쪽에서 흐르는 히타치 강과 연결해 태평양으로 흘러 나가도록 조치했습니다. 이는 에도 동부에 흐르는 에도 강으로도 물을 나누는 대공사였습니다. 이 공사는 간토의 다이묘 이나 다다쓰구와 다다하루가 맡았다고 합니다.

도네 강의 물길을 동쪽으로 옮기는 것으로, 에도 강과 도네 강은 도호쿠 지방과 북 간토의 산물이나 물자를 에도로 운반하는 수운의 동맥이 되었습니다. 강기슭에는 시장이 들어서서 활기를 보였습니다. 나중에는 노다의 간장, 나가레야마의 미림 등이 산지 특산물로 에도에 들어왔습니다. 이에야스가 목표로 삼았던 에도의 수운 체제는 1690년경에 이르러 대체로 완성되었습니다.

수도 에도는 이에야스가 착수한 수리 공사 덕분에 번영했습니다. 또한 도성 수리와 일체화된 성하마을(城下町, 다이묘의 거성을 중심으로 형성된 도시) 건설은 막번 체제를 유지하는 전국 다이묘들의 모범이 되어, 일본 전역에는 200여 개에 달하는 성하마을이 세워졌습니다.

이에야스의 정치관

이에야스는 오사카 전투 이후 전쟁이 없는 천하태평한 세상, 이른바 '겐나엔부元和偃武'를 실현하고 1616년에 생을 마감했습니다. 여기서 다시 한번, 이에야스가 무엇을 이루었는지 되돌아보겠습니다.

누차 말씀드립니다만 이에야스 생애의 목표는 '염리예토 흔구정토', 즉 이 세상을 누구나 평화롭고 안전하게 살 수 있는 정토로 만드는 것이었습니다. 그래서 오다 노부나가라는 혁명적인 인물을 지지했고, 그의 중상주의·중앙집권적 정책을 배웠습니다. 남만 무역의 혜택을 받았고, 철포와 화약을 입수하는 루트를 확보했습니다. 이로써 미카와의 구니슈에 불과했던 이에야스는 센고쿠 다이묘로 자립했으며 전란의 세계에서 살아남아 일본 최고의 다이묘가 되었습니다.

노부나가 사후 그 노선을 계승한 인물은 도요토미 히데요시였습니다. 이에야스는 본의 아니게 그의 가신이 됩니다. 그리고 노부나가, 히데요시에게 많은 것을 배우고 계승했습니다. 두 사람에게서 배운 것 중 가장 중요한 건 무장해제와 병농분리라는 방침이었습니다. 두 정책은 일본 사회가 중세에서 근세로 넘어가기 위한 중요한 요소였습니다. 이 방침들이 실현되자 일본에서 사실상 중세적인 의미의 자유는 자취를 감추었습니다.

중세적 자유란 한마디로 자력 구제입니다. 현대의 우리는 자유라고 했을 때 무조건 긍정하고 좋게 평가하려고 합니다만 자유에는 책임이 따릅니다. 즉 자신들이 사는 마을을 스스로 관리하고 자유를 누린다면, 다른 마을이나 다이묘의 공격을 받았을 때 직접 무기를 들고 싸워 지켜야 합니다. '천하인'이었던 노부나가·히데요시·이에야스는 무장해제와 병농분리 정책을 도입해 사람들의 자유를 빼앗는 대신에 그들의 안전을 정치적으로 보장하는 대★개혁을 단행했습니다. 자유 대신 생명의 안전을 약속했다고 할 수 있습니다.

이에야스가 만든 막번 체제는 기본적으로 막부의 막강한 무력을 배경으로 전란의 위험을 제거한 정치 체제입니다. 사람들은 분명 무로마치 시대 후기부터 전국시대까지 누렸던 중세적 자유를 잃었습니다. 히데요시처럼 일개 농민에서 무사가 되고, 급기야 다이묘의 자리까지 오를 수 있는 '자유'를 놓아 버렸습니다.

대신에 전쟁이 사라졌습니다. 범죄나 자연재해를 당하지 않는다면 기본적으로 안전한 환경 속에서 생애를 보낼 수 있게 되었습니다. 최근 '도쿠가와의 평화(팍스 토쿠가와나)'라는 말을 듣습니다. 이처럼 에도 시대는 250년 이상 전란이 없는 평화로운 기간이었습니다. 그 평화의 기초는 노부나가에서 이에야스로 이어진, 무장해제와 병농분리 정책이 만든 결과였습니다. 이것이 이에야스가 바라던 '염리예토 흔구정토'입니다.

이에야스, 난세의 패자가 되다

이 책(원서)의 제목은 '이에야스는 어떻게 난세의 패자가 되었을까'입니다. 여기서 '패자'라는 단어에 의문을 느끼는 독자도 계실 겁니다. 중국의 고대 정치철학에서 패자와 왕은 명확하게 구별됩니다. 패자는 실력과 무력으로 천하를 다스리는 자이며, 그 방법론이나 정치철학을 패도霸道라고 합니다. 반면 왕은 인애와 덕으로 천하를 통치하는 자이며, 그 방법론과 정치철학을 왕도王道라고 합니다. 즉 왕과 비교해서 패자는 한 단계 아래의 존재입니다.

이에야스는 싸움이 끊이지 않는 전란의 세상을 살았습니다. 무장으로서의 실력은 노부나가도, 히데요시도 이에야스를 당해낼 수 없었습니다. 다케다 신겐도 이기지 못했을 겁니다. 그러나 이에야스는 그들로부터 많은 것을 배웠고, 배운 바를 자신만의 '염리예토 흔구정토'를 만드는 과정에 활용했습니다.

최종적으로 이에야스는 세키가하라 전투와 오사카 전투에서 승리하여 전국시대의 승자가 되었습니다. 이는 '마지막 패자'라는 이름에 걸맞은 성취라 할 수 있습니다. 뿐만 아니라 이에야스는 무장해제와 병농분리 정책을 도입해 싸움과 폭력의 굴레를 끊었습니다. 천하태평이라는 이름의 '염리예토 흔구정토'를 만든 것입니다.

난세의 패자에서 진정한 왕으로

훗날 에도 막부는 '쇄국 체제'라는 시스템을 구축합니다. 이는 나라를 폐쇄하는 부정적인 맥락의 정책이 아니라 체제 불안을 초래할 수 있는 크리스트교를 배제하고 무역을 철저히 관리하는 정책입니다. 실제로 무역을 중단하지는 않았습니다. 나가시마·쓰시마·사쓰마·마쓰마에 4개 창구로 한정하되 활발하게 무역이 진행됐습니다. 이는 모두가 잘 알고 있는 사실입니다.

저명한 근세사 연구가였던 고故 야마모토 히로후미는 "근세 일본은 무역을 적극적으로 관리했기 때문에, 엄밀하게 통제된 체제에서 필요한 무역을 실시하면서도 유럽이나 동아시아의 정치 변동이나 전란의 영향을 받지 않은 채 평화를 누릴 수 있었다."라고 지적했습니다. 또한 '막번 체제'라는 시스템 역시 각 지역의 다이묘들이 평화를 유지하며 번영할 수 있었던, 일본만의 독자적인 지방자치 방식이었다고 평가할 수 있습니다.

역사 작가로서 이에야스의 생애를 추적한 저는 그를 이렇게 평가합니다. 이에야스는 농본주의·지방분권체제를 조직하고 천하태평을 달성하여 '난세의 패자'에서 궁극적으로는 '염리예토 흔구정토'를 실현한, 진정한 의미의 왕으로 등극한 천하인입니다.

세계화의 거친 풍파 속에 놓인 전국시대. 이 시대의 패자가 된 이에야스는 세계 정세에서 거리를 두고 '도쿠가와의 평화'를 만들었습니다.

지금이야말로 '이에야스는 어떻게 난세의 패자가 되었을까'를 알아야 합니다. 저는 그런 주제의식에 따라 이 책을 집필했습니다. 앞서 설명한 것처럼 이에야스가 패자가 될 수 있었던 이유는 '염리예토 흔구정토'라는 꿈이 있었기 때문입니다.

저는 현재 작가 생활 30년을 집대성하는 차원으로 도쿠가와 이에야스라는 인물과 마주하고, 그 생애를 장편소설로 그려내고 있습니다. 제가 저술한 《이에야스家康》는 문고판으로 8권까지 출간되었고, 오케하자마 전투부터 임진왜란까지 다루었습니다. 이어서 8권을 추가로 준비하고 있으며 오사카 전투까지 저술할 예정입니다.

아시는 바와 같이 일본 도서 시장에는 이에야스를 다룬 소설이 많이 있습니다. 그런데 왜 또 이에야스를 쓰려고 했을까요? 이에야스를 주인공으로 하는 소설로 가장 유명한 작품은 야마오카 소하지의 《도쿠가와 이에야스》(전26권)입니다. 현재 우리의 머릿속에 있는 이에야스의 이미지는 야마오카 소하지 작가가 만든 표상이라고 해도 과언이 아닙니다. 최근 역사학이 발전하고 성과를 내자 전국시대사를 둘러싼 기존의 오해를 타파하고 한계를 넘어서고 있습니다. 저는 이를 반영해 이에야스의 이미지와 전국시대의 모습을 갱신하고 싶었습니다.

저는 이 책에서 '새로운 전국시대'를 설명했습니다. 이후에는 저의 소설 《이에야스》에서 실제로 움직이고 웃고 즐기고 분노하고 슬퍼하고 방황하면서 결단하는 인물, 도쿠가와 이에야스를 봐주시기를 바랍니다.

이 책을 마무리하면서, 제가 느낀 이에야스라는 인물의 인간성을 말하고자 합니다. 이에야스의 성격을 두고 오늘날까지 많은 말들이 나도는데, 저는 노부나가나 히데요시와 비교하면 대단히 명확해진다고 생각합니다. 노부나가는 직선적입니다. 사물의 본질을 잘 파악하고 집중해서 달려갑니다. 히데요시는 다각적입니다. 하나의 일을 하는데도 여러 방향으로 고민을 거듭하여 목적을 실현합니다. 이들과 달리 이에야스는 나선적이었다고 할 수 있습니다. 어떤 방향에서 보면 같은 곳을 빙빙 도는 사람처럼 보입니다. 모든 일에 신중하고 심계가 깊었기 때문입니다. 그런데 실상 나선을 그리며 조금씩, 그러면서도 확실하게 위로 올라갑니다.

이에야스의 인격은 〈동조궁어유훈〉 속에 잘 나타나 있습니다. "사람의 일생은 무거운 짐을 지고 먼 길을 가는 나그네와 같다. 서두르지 마라."라는 유언은 참으로 유명한 구절인데, 저는 그 구절보다 "나에게 책임을 묻고 남을 책망하지 마라."라는 구절을 더 좋아합니다.

목숨이 언제 날아갈지 모르는 전국시대에 이런 생각을 품고 살아간다는 건 얼마나 어려운 일이었을까요? 노여움으로 속이 뒤집히는 날도 있었을 것입니다. 이에야스는 이 세상을 정토로 바꾸겠다는 큰 이상을 실현하기 위해 "나에게 책임을 묻고 남을 책망하지 마라."라고 자신에게 다짐하고 또 다짐했을 것입니다. 이런 인물이 실제로 약동하는 모습은 저의 소설 《이에야스》에서 즐겨주시기 바랍니다.

지금 일본은 이에야스에 관심이 집중되고 있습니다. 그의 생애를 세계사의 관점에서 바라보며 새로운 전국시대의 모습을 상상하시기를 바랍니다. '염리예토 흔구정토'라는 슬로건을 품은 이에야스의 진의와 이에야스가 목표로 하는 정토의 의미 또한 이해해주시기 바랍니다.

참고문헌

安部龍太郎.《信長はなぜ葬られたのか – 世界史の中の本能寺の変》. 幻冬舎新書. 2018.

安部龍太郎・佐藤優.《対決！日本史 – 戦国から鎖国篇》. 潮新書. 2020.

大分市教育委員会.《戦国大名と鉱物資源資料集》. 2021.

岡美穂子・鹿毛敏夫編.《硫黄と銀の室町・戦国》. 思文閣出版. 2021.

小和田哲男.《東海の戦国史》. ミネルヴァ書房. 2016.

笠谷和比古.《徳川家康》. ミネルヴァ書房. 2016.

黒田基樹.《戦国大名 – 政策・統治・戦争》. 平凡社新書. 2014.

黒田基樹.《国衆 – 戦国時代のもう一つの主役》. 平凡社新書. 2022.

柴裕之.《徳川家康 – 境界の領主から天下人へ》. 平凡社. 2017.

鈴木理生.《江戸はこうして造られた》. ちくま学芸文庫. 2000.

平尾良光・飯沼賢司.〈大航海時代における東アジア世界と日本の鉛流通の意義 – 鉛同
　　位体比をもちいた分析科学と歴史学のコラボレーション〉. 別府大学文化財研究所・
　　九州考古学会・大分県考古学会編.《キリシタン大名の考古学》. 思文閣出版. 2009.

平尾良光・飯沼賢司・村井章介編.《大航海時代の日本と金属交易》. 思文閣出版. 2014.

平川新.《戦国日本と大航海時代 – 秀吉・家康・政宗の外交戦略》. 中公新書. 2018.

平山優.《検証 長篠合戦》. 吉川弘文館. 2014.

平山優.《増補改訂版天正壬午の乱―本能寺の変と東国戦国史》. 戎光祥出版. 2015.

平山優.〈遠州堀江城と武田信玄―三方原合戦に関する覚書〉.《武田氏研究》. 第65号. 2022.

藤井讓治.《徳川家康 時々を生き抜いた男》. 日本史リブレット046. 山川出版社. 2021.

藤木久志.《豊臣平和令と戦国社会》. 東京大学出版会. 1985.

藤田達生編.《小牧長久手の戦いの構造　戦場論(上)》. 岩田書院. 2006.

藤田達生編.《近世成立期の大規模戦争 戦場論(下)》. 岩田書院. 2006.

藤田達生.《天下統一 – 信長と秀吉が成し遂げた「革命」》. 中公新書. 2014.

藤田達生.〈『鞆幕府論』再考〉. 特別展図録.《鞆幕府将軍足利義昭》. 2020.

藤田達生.《戦国日本の軍事革命》. 中公新書. 2022.

堀新.《天下統一から鎖国へ》. 日本中世の歴史7. 吉川弘文館. 2009.

本郷和人.《日本史の法則》. 河出新書. 2021.

本多隆成.《定本徳川家康》. 吉川弘文館. 2010.

丸島和洋.〈武田信玄の駿河侵攻と対織田・徳川氏外交〉.《武田氏研究》. 第65号. 2022.

矢部健太郎.《関ヶ原合戦と石田三成》. 敗者の日本史12. 吉川弘文館. 2013.

山本博文.《鎖国と海禁の時代》. 校倉書房. 1995.

渡部泰明・阿部泰郎・鈴木健一・松澤克行.《天皇の歴史10 – 天皇と芸能》. 講談社学術文庫.
　2018.

색인

약 1년 전 도쿄의 작은 서점에서 이 책을 잡았다.《도쿠가와 이에 야스는 어떻게 난세의 패자가 되었을까》(원서 제목)라는 따끈따끈한 책에서, '세계사의 눈으로 본 전국시대'라는 부제(원서)를 보았기 때 문이다. 나는 일본에서 고등학교까지 학교를 다녔다. 그러니 '일본사' 시간에 그들의 눈으로 이에야스를 만났다. 성인이 된 나는 일본문학 을 전공한 한국인으로, '일본'을 다양한 시각으로 접근하고 있다. 이 런 사람인지라 '세계사의 눈'이라는 부제에 매료되었다.

아베 류타로는 역사학자는 아니지만 나오키상을 수상하며 '역사소 설계의 차세대 선두주자'로 부상하고 있는 인물이다. 그는 2020년부 터《이에야스》라는 제목으로 대작을 집필 중이다. 현재 시리즈의 8권 《이에야스: 명나라 정복계획》)까지 출간된 것으로 안다. 지은이는 대작을 준비하는 과정에서 최신 학설을 알아보고, 역사적 현장 및 연고지를 발로 찾아다녔으며, 작가적 상상력까지 더하였다. 그런즉 이 책은 어 마어마한 집필 과정의 '쉼표'와 같은 책이다. 나는 책을 잡은 그 자리 에서 바로 읽기 시작했고, 해박한 작가의 글을 눈으로 따라다니기 바 빴다.

이 책을 우리나라 친구들에게 소개하고 싶었다. 그것도 내 손으로 번역을 해서 말이다. 행간의 의미를 전하고 싶은 욕심이 생겼다. 또 하나의 이유는, 얼마 전부터 경영자들을 위한 지식 플랫폼 SERICEO에서 '일본 전국시대 읽기'라는 제목으로 강의를 시작했기 때문이기도 하다.

한 달에 하나 7분 정도의 동영상을 준비하고 있는데, 이게 녹록지가 않다. 책상 위에는 이에야스에 관한 책들이 가득했고, 책상 앞에는 이에야스의 '우거지상' 그림이 걸려있다. 미카타가하라 전투에서 패배한 후 패전의 모습을 잊지 않기 위해 화공을 불러 남긴 초상화다. 이에야스는 중요한 결정을 내릴 때마다 그 그림을 보며 실패를 반복하지 않으려 했다고 한다. 한눈으로 슬쩍 볼 때마다 나는 그의 마음을 기억하려고 했다. 원고 마감에 쫓겨서 늦은 밤 이불에 들면 밤새 이에야스의 유령과 만나기도 하였다. 그러니 나는 지금 '이에야스'라는 한 인물에 푹 빠져서 살고 있다.

도쿠가와 이에야스. 그는 어제의 친구가 오늘의 적이 되고 아버지가 아들을 죽이고 아들이 어머니를 인질로 보내는 무법천지의 '전국시대'에 종지부를 찍고 새로운 질서를 마련한 사람이다. 여기서 전국시대란 1467년 무로마치 막부 내부의 대립에서 비롯된 '오닌의 난'에서 시작되어 이에야스가 에도 막부를 성립하기까지, 약 100년간 이어진 전란의 시대를 말한다. 직전까지의 막부가 지닌 권위와 사회질서를 부정하고, '센고쿠 다이묘'라고 불리는 무사들이 무력으로 권력을 장악하려는 하극상이 만연했던 혼란의 시대다. 난립해 있던 소국들은 전쟁을 반복하는데, 차츰 몇 개의 큰 나라로 통합되면서 전국통

일을 향해 나아가게 된다. 마침내 오다 노부나가, 도요토미 히데요시를 이어 전국을 통일한 사람이 도쿠가와 이에야스다. 난세의 승자다.

이 책은 이 정도만 알면 충분히 읽어나갈 수 있고, 대항해시대의 일본을 알려준다. 세계는 크게 열리고 시대는 요동을 치는 가운데 강대국 사이에 낀 작은 나라, 그곳의 주인인 기구한 운명의 나이 어린 영주 이에야스는 무엇을 보고 무엇을 생각하면서 살아남았을까? 21세기인 오늘에도 전쟁은 끊이지 않고, 크고 작은 조직에서 겪는 불합리한 경쟁은 우리의 삶을 혼란스럽게 한다. 21세기를 굳세게 살아가는 1인으로서 이 책을 읽고 싶다.

"이 책 꼭 번역하고 싶습니다."라며 떼쓰던 내 제안을 흔쾌히 받아들인 최용범 대표님께 감사드린다. 그리고 지도 속 깨알 같은 글씨 하나도 소홀히 하지 않고 잡아낸 박승리 편집자님과 함께 할 수 있어서 행복했다.

2024년 첫 글

고선윈

도쿠가와 이에야스는
어떻게 난세의 승자가 되었는가

초판 1쇄 발행 2024년 2월 1일
초판 2쇄 발행 2024년 3월 28일

지은이	아베 류타로
지은이	고선윤
펴낸이	최용범
편집기획	박승리
교정교열	유인창
디자인	김규림
관리	이영희
인쇄	㈜다온피앤피

펴낸곳	페이퍼로드
출판등록	제10-2427호(2002년 8월 7일)
주소	서울시 동작구 보라매로5가길 7 1322호
이메일	book@paperroad.net
페이스북	www.facebook.com/paperroadbook
전화	(02)326-0328
팩스	(02)335-0334
ISBN	979-11-92376-37-0 (03910)